# Cómics

## En la piel de los superhéroes

Philippe GUEDJ

Traducción de Joan Sardà

«España y los superhéroes», por Rafael Marín

MA NON TROPPO

ShowTime

MA NON TROPPO
ShowTime
Un sello de Ediciones Robinbook
información bibliográfica
Indústria, 11 (Pol. Ind. Buvisa)
08329 - Teià (Barcelona)
e-mail: info@robinbook.com
www.robinbook.com

Título original: *Comics. Dans la peau des super héros*



Diseño de cubierta: Sylvain Kaslin, Joséphine Cormier, Christophe Goussault
Diseño interior: Joséphine Cormier
Compaginación: Paco Murcia

ISBN: 978-84-96924-10-9
Depósito legal: B-50.016-2007

Impreso por Reinbook Imprès, Pol. Ind. Can Calderón,
C/ Múrcia 36, 08830 Sant Boi de Llobregat

Impreso en España - Printed in Spain

# SUMARIO

# INTRODUCCIÓN

Quien escribe estas páginas tenía cinco años cuando, un mes de diciembre de 1976, leyó su primer *Strange*, comprado sin pensar por su padre, el cual no podía siquiera sospechar la adicción que iba a provocar. En la portada, marcada con el lema «a todo color», y hermosa como un Rembrandt para un crío de mi edad, el Capitán Marvel encajaba un rayo plateado, lanzado por un villano con armadura. Dentro, seguían las aventuras del héroe, y luego de Daredevil, Iron Man y Spider-Man (llamado entonces «El hombre araña» o «La araña»). Era mucho más bonito, mágico e interesante que cualquier cosa que hubiera leído hasta la fecha. Spider-Man se convirtió rápidamente en mi preferido, casi mi mejor amigo (también tenía amigos en la escuela, ¡no hay que preocuparse!).

Dos años después, me puse a creer que un hombre podía volar, cuando descubrí a Superman en el cine. Y hasta que tuve 19 años, no hubo un solo mes que no comprara *Strange*, además de *Spécial Strange*, *Nova, Titans* y otras publicaciones de los superhéroes de Marvel, que en Francia distribuían la extinta editorial Lug. Con 20 años, me alejé de aquel universo, aunque sin olvidarlo jamás, hasta zambullirme de nuevo hasta el cuello, gracias a los estrenos cinematográficos de *X-Men* y *Spider-Man*. Mi caso es de una espantosa banalidad: Martin Winkler, en su libro *Super Héros*, evoca un trayecto parecido (¡Eh! Martin, si me lees, no me acuses de plagio).

En Francia, como en cualquier lado, se cuentan por millones los chavales de los *años setenta* que nos apasionamos por los superhéroes, ya fueran de

Marvel o de DC. Después, los chiquillos crecimos. En Hollywood, algunos de ellos llegaron a ser Sam Raimi (*Spider-Man*), J.J. Abrams (creador de la serie *Perdidos*) o Bryan Singer (*X-Men*). Del chico de los recados al atleta de élite (preguntadle a Stéphane Diagana cuál es su superhéroe favorito...), del técnico de laboratorio al funcionario municipal, del periodista al programador televisivo, esta generación de profesionales de 30 a 45 años tiene, de salida, una afición infalible por el universo de los superhéroes con mallas. Y como la cultura de los cómics también sigue atrayendo a los más jóvenes, se produce una auténtica interconexión generacional. Como muy bien sintetiza Olivier Jalabert, gerente de una de las tiendas especializadas Album de París, «un tío de treinta años con una camiseta de Superman, hace veinte años era de risa. Hoy en día, es guay».

En Estados Unidos, tanto en cine como en televisión, a los autores de cómics se les mima con fruición. Paralelamente, las «Big Two», Marvel y DC, impulsadas por la competencia de las más pequeñas, hace cinco años que se han despertado y proponen de nuevo un abanico de series creativas y ambiciosas, como *Civil War* o *House of M*, en el caso de la primera. Marvel llega hasta el extremo de conceder a autores franceses de talento el derecho de apropiarse de sus héroes más importantes, como acaban de hacer Jean-David Morvan y Philippe Buchet en el álbum *Wolverine: Saudade* (Panini).

El cine, la tele, internet (con el desarrollo de los e-comics), los soportes digitales... la cultura del cómic pasa por una revitalización difusora sin precedentes. Y los no iniciados, los que nunca en la vida han abierto un *Strange* (hay muchos y con todo el derecho del mundo), pueden demostrar un poco más de curiosidad hacia ese universo, antaño unánimemente juzgado de debilidad.

El volumen que el lector tiene en las manos no es la obra de un erudito especialista en superhéroes. Confieso que, lo más probable, es que no les diga nada nuevo a los profesionales. Tampoco emitirá una definición previa y docta de lo que «es un superhéroe», ni dirimirá la controversia sobre el papel preciso de Stan Lee en la leyenda de Marvel. Se trata más de una gran magdalena con destino a lectores neófitos, o para los que antaño leyeron a los superhéroes, para abandonarlos luego, aunque la benevolencia que les prodigan sigue intacta. Y de un medio para que el autor declare su gratitud a aquellos héroes que le acunaron en la más tierna edad. ¡Excelsior! (copyright Stan Lee).

1

# EN LAS FUENTES DEL MITO

Se llaman The Katzenjammer Kids, The Yellow Kid o incluso Mutt y Jeff. Son los precursores de esas extrañas historietas con «bocadillos» que surgen a partir del año 1890. Se llaman Jerome Siegel, Joe Shuster, Stan Lee o Jack Kirby. Son los padres de esos personajes con poderes fantásticos a los que se llamará «superhéroes». Bienvenidos a las aventuras de los primeros editores de *Superman*, *Spider-Man* y *Los Cuatro Fantásticos*.

# ANTES DE LOS CÓMICS: LAS TIRAS CÓMICAS

**LOS *COMIC BOOKS* O CÓMICS SON AQUELLAS REVISTAS ESTADOUNIDENSES MENSUALES, GENERALMENTE CON 32 PÁGINAS A COLOR, EN LAS QUE SE DESARROLLAN LAS AVENTURAS DE LOS SUPERHÉROES. ¿POR QUÉ EL TÉRMINO *CÓMIC* CUANDO, A PRIORI, SUPERMAN, BATMAN O SPIDER-MAN NO SON NADA BURLESCOS?**

Sencillamente porque los primerísimos *comic books*, en un principio, no pasaban de ser reediciones de *comic strips* (literalmente «tiras cómicas»), unos sainetes humorísticos relatados en varias viñetas, de previa aparición en la prensa diaria de ámbito nacional. Nacidas en el último cuarto del siglo XIX, esas pequeñas tiras son, junto con las novelas pulp, los ancestros de la historieta estadounidense. También llamadas *funnies, comics* o *sundays* (por la publicación en los suplementos dominicales de los diarios), las *comic strips* se convierten en un fenómeno de masas bajo el doble impulso del progreso técnico de las artes gráficas y de la competencia feroz entre dos grandes cabeceras: el *New York Journal* de William Randolph Hearst y el *New York World* de Joseph Pulitzer. Aparecida por vez primera en 1895, en el *New York World*, el Yellow Kid de Richard F. Outcault es una de las primeras tiras que apasiona al público. Calvo chiquillo irlandés (y no chino, según el tópico), ridículamente vestido con un camisón amarillo, el pequeño Mic-

**Las aventuras de Yellow Kid, *New York Journal*, 14 de febrero de 1897. Las palabras del héroe son transcritas sobre su camisón amarillo, pero el loro se expresa mediante las burbujas del diálogo.**

***The Yellow Kid and his new phonograph*, 25 de octubre de 1896.**

key Dugan (nombre auténtico del Yellow Kid) llegará a suscitar un importante merchandising.

La historia con mayúsculas, especialmente la estadounidense, ve en él la partida oficial de nacimiento de la historieta, cuando, el 25 de octubre de 1896, Outcault introduce por vez primera bocadillos con diálogos, para que un loro hable. Versión protestada por los especialistas europeos, para quienes el noveno arte no se define exclusivamente por los bocadillos y, por lo tanto, los orígenes se remontan, como mínimo, a las historias en estampas del suizo Töpffer (1799-1846).

UN JOVEN DESGARBADO DENTUDO Y CON OREJAS DE SOPLILLO VESTIDO CON UN CAMISÓN AMARILLO, QUE HIZO DE RICHARD FELTON OUTCAULT UNO DE LOS PRECURSORES DE LA HISTORIETA.

# ¡SE PRESENTA EL MAYOR WHEELER-NICHOLSON!

**EN EL INICIO DEL SIGLO XX, EL SECTOR DE LAS TIRAS CÓMICAS SE ENCUENTRA EN PLENO *BOOM*. PROLIFERAN LAS TIRAS CON «BOCADILLOS»: *THE KATZENJAMMER KIDS*, EN 1896 (EN ESPAÑOL, *EL CAPITÁN Y LOS PILLUELOS*), *MUTT AND JEFF*, EN 1907 (LA PRIMERA TIRA DIARIA AUTÉNTICAMENTE POPULAR)... ADEMÁS DEL HUMOR, LA TIRA ACOGE OTROS GÉNEROS, COMO LAS AVENTURAS, SERIE NEGRA O CIENCIA FICCIÓN: *TARZÁN*, DE HAL FOSTER (BASADO EN LAS NOVELAS DE EDGAR R. BURROUGHS), Y *BUCK ROGERS*, DE DICK CALKINS, EN 1929, *FLASH GORDON*, DE ALEX RAYMOND (1934), O *DICK TRACY*, DE CHESTER GOULD (1931)...**

Aunque las reediciones de dichas historias cortas en revistas o álbumes existen desde 1897, los primeros *comic books* mensuales, tal como los conocemos hoy en día, surgirán en tres etapas. En 1933, Harry Wildenberg y Max C. Gaines, dos empleados de la Eastern Color Printing Company (la impresora principal de periódicos de la Costa Este), serán los primeros en concebir un fascículo de historietas, que reedite tiras ya publicadas en la prensa: de este modo, se venderán a la empresa Procter and Gamble 10.000 ejemplares de la compilación *Funnies on parade*, con el fin de distribuirlos gratuitamente en las tiendas, de obsequio con los paquetes de detergente. Es un éxito.

En mayo de 1934, gracias a una idea de Gaines, *Famous Funnies* será el primer *comic*

***The Katzenjammer Kids.***

***Famous Funnies*, 1934. El primer *comic book*.**



*book* que se venderá de forma regular en los quioscos (bimensual). Y el paso decisivo hacia el *comic book* moderno, lo dará... un militar de carrera: el mayor Malcolm Wheeler-Nicholson. Ex oficial de caballería, procesado en consejo de guerra en 1922, por insubordinación, Wheeler-Nicholson, de vuelta a la vida civil, se introdujo en el mundo de la edición con su empresa National Allied Publications. En febrero de 1935, publica *New Fun – The Big comic magazine*, el primer *comic book* mensual con historias inéditas (humor, aventuras y oeste).

Tras el lanzamiento de un segundo título (*New Comics*, diciembre 1935), el mayor desea publicar un tercero aunque, hundido por las deudas, tiene que asociarse con Harry Donnenfeld y Jack Liebowitz, distribuidores y acreedores suyos. Los tres socios fundan la sociedad Detective Comics Inc. que, en marzo de 1937, editará, la revista *Detective comics*. Meses después, Wheeler-Nicholson tirará la toalla y, a finales de los años treinta, National Allied Publications y DC Incorporated se fusionarán para fundar National Comics, rebautizada National Periodical Publications (NPP) en los años cuarenta. Sin embargo, en la práctica, a la NPP se la conocerá, muy habitualmente, por el nombre de «DC», en referencia a su cabecera insignia *Detective comics*.

**El Tarzán de Hal Foster. Su carácter sombrío le supuso al mayor Wheeler-Nicholson abandonar el ejército por la puerta pequeña y entrar en el universo de los cómics por la grande.**

1

EN LAS FUENTES DEL MITO

# SUPERMAN: LA REVOLUCIÓN QUE NADIE QUERÍA

**OFICIALMENTE, SUPERMAN NACE EN JUNIO DE 1938, EN LAS PÁGINAS DE LA NUEVA REVISTA *ACTION COMICS*, BAJO LA FIRMA DE DOS COMPAÑEROS DEL INSTITUTO GLENVILLE DE CLEVELAND: JEROME SIEGEL, GUIONISTA, Y JOE SHUSTER, DIBUJANTE, AMBOS NACIDOS EN 1914.**

**Caricatura de los dos padres de Superman: Jerry Siegel y Joe Shuster.**

La creación del primer superhéroe de la Historia de la Historieta se remonta, de hecho, a 1934. Siegel y Shuster sueñan entonces con que Superman se publique en tiras en un gran diario, aunque les rechaza un montón de *syndicates*, las agencias que proveían de tiras a los periódicos. En aquella época, un héroe capaz de levantar un coche, con las manos sin más, sencillamente no existe y los editores no quieren arriesgarse.

Un hombre desbloqueará la situación. Sheldon Mayer, redactor jefe del *syndicate* McClure, se deja seducir por la originalidad de Superman. Se lo comenta a su jefe Max Gaines. Aunque éste no lo comprará, sino que lo aconsejará a los responsables de DC Inc., que justamente buscan material para completar el nuevo mensual que están a punto de lanzar: *Action Comics*. Así pues, la tira Superman aterrizó sobre la mesa de trabajo de Vin Sullivan, responsable editorial de DC, en medio de un montón de otras sobras rechazadas por los *syndicates*. Según explicará después, Sullivan lo escogió para *Action Comics* «simplemente porque tenía un aspecto diferente».

**Primer número de *Action comics*, 1938.**

**Superman dibujado por Joe Shuster.**



«UN HÉROE ES UNA PERSONA CORRIENTE QUE ENCUENTRA LA FUERZA PARA SOPORTAR Y PERSEVERAR A PESAR DE LOS ABRUMADORES OBSTÁCULOS.»
CHRISTOPHER REEVE

En junio de 1938, llega a los quioscos el primer número de *Action Comics*, adornado con una portada que se hará mítica: Superman levanta un coche sólo con las manos. Las ventas van bien y crecen a los meses siguientes, sin llegar a un éxito impresionante (Superman cede el lugar en la portada a los demás personajes de la revista). En el número 7, de diciembre de 1938, Superman vuelve a estar en portada. Es un éxito. Una encuesta entre la chiquillería confirma que los niños compran *Action Comics*, exclusivamente por el hombre de acero. El cual tendrá revista propia, en verano de 1939. Un triunfo: desde el segundo número, *Superman* vende más de un millón de ejemplares. ¡Insólito para un *comic book*!

# 18 AGUJEROS, UNA DEPRESIÓN Y CUATRO FANTÁSTICOS

**EN 1961, NATIONAL PERIODICAL PUBLICATIONS, MÁS CONOCIDA POR EL SOBRENOMBRE DE DC COMICS, DOMINA EN LA INDUSTRIA ESTADOUNIDENSE DEL *COMIC BOOK*.**

Organizada sobre sus «tres grandes» —Superman, Batman y Wonder Woman—, la empresa además ha reanimado el género «superhéroe», moribundo desde la posguerra, gracias a los lanzamientos de un Flash de nueva generación (1956), de un Green Lantern con lifting (1959) y de la Justice League of America (1960). Esta última, en sí un revival de una historieta de los años 40, es un equipo compuesto por los cinco superhéroes citados más arriba, en compañía de algunos personajes nuevos.

Cuenta la leyenda que en el curso de una partida de golf entre Jack Liebowitz, editor de DC, y Martin Goodman, editor de Atlas (ex Timely, la futura Marvel y gran rival de DC), Liebowitz fanfarroneó sobre el éxito de la Justice League... Luego le refiere a Goodman que dicho éxito confirma el regreso triunfal de los superhéroes, tras quince años de purgatorio. Ni corto ni perezoso, Martin Goodman, de vuelta al despacho, notifica a Stan Lee, responsable editorial de Atlas, que cree su propio nuevo equipo de superhéroes. Lee por entonces, está harto: sueña desde siempre con una carrera

*Justice league of America*, n.° 194.

*Justice league of America*, n.° 176. DC Comics lanzó al equipo en 1960.

**La respuesta de Marvel: *Fantastic Four*, n.º 1.**

«EL MUNDO JAMÁS VOLVERÁ A SER IGUAL...»
*LOS CUATRO FANTÁSTICOS*

literaria, pero hace treinta años que se siente obligado a escribir historias de superhombres. Lee incluso pensaba comentarle a Goodman la intención que tenía de dimitir, el mismo día en que este último le confía su nueva misión.

Pero Joanie, la esposa de Lee, le aconseja que no lo abandone todo y que aproveche aquella nueva oportunidad. Lee escucha a su amada y se toma aquella última creación como una cuestión de honor. El resultado saldrá en agosto de 1961 (con fecha de noviembre), con guión de Stan Lee y dibujos del fenomenal Jack Kirby. Su nombre es Los Cuatro Fantásticos y desencadenará la segunda gran revolución de los cómics, después de Superman.

Si DC había alimentado la célebre «silver age» (era de plata) de los cómics con Flash en 1956, Marvel la ha superado sin discusión, y la ha encarnado a solas en los años sesenta.

***Fantastic Four*, n.º 69.**

# SESENTA Y NUEVE, AÑO HEROICO

**EN 1940, EN ESPAÑA EL HOMBRE DE ACERO FUE REBAUTIZADO COMO CICLÓN EL SUPERHOMBRE. LA EDITORIAL HISPANO AMERICANA DE EDICIONES S.A. DE BARCELONA, EDITÓ UNA NUEVA COLECCIÓN DENTRO DE LA PUBLICACIÓN *LAS GRANDES OBRAS MODERNAS*, LLAMADA «AVENTURAS Y MISTERIO», CUYO PRIMER NÚMERO TENDRÍA COMO PROTAGONISTA AL PERSONAJE QUE HOY CONOCEMOS COMO SUPERMAN. EN FRANCIA FUE YORDY (REVISTA *AVENTURES*, ED. SAGE), FRANÇOIS L'IMBATIBLE (EN *URAH*, ED. MONDIALES) Y MARC, L'HERCULE MODERNE (*JOURNAL DE SPIROU*, ED. DUPUIS).**

Por lo que se refiere a los héroes de Marvel, el editor primigenio en Francia fue la empresa Lug. Fundada en Lyon en 1950, por el ex resistente Auguste Vistel, secundado por su director de fabricación Marcel Navarro, Lug publicaba esencialmente las versiones francesas de historietas italianas (los famosos *fumetti*) como *Blek*, *Lone Wolf*, *Zembla* y también *Ombrax*. Hasta el día en que a Claude Vistel, la hija de Auguste, le llegaron cómics Marvel, por intermediación de Transworld Features, un distribuidor parisino, a quien Martin Goodman y Stan Lee habían contratado para la comercialización en Francia de *Los Cuatro Fantásticos* y sus colegas. Bajo la seducción de aquellos superhéroes de nueva generación, Claude compra *Los Cuatro Fantásticos*, *Spider-Man* (rebautizado «L'Araignée») y *Silver Surfer*.

Sus aventuras se publicarán en *Fantask*, cuyo primer número salió en febrero de 1969. Aunque tras siete números, la Comisión de Censura de Publicaciones destinadas a la juventud prohíbe la revista. Motivo: «¡Esta publicación es extremadamente nociva por causa de la aterradora cien-

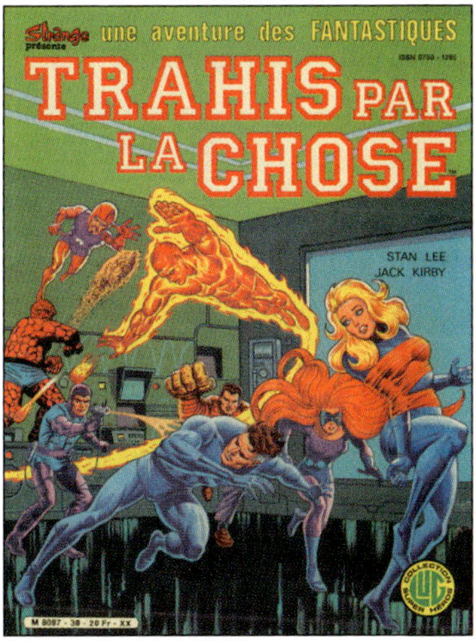

**La célebre revista *Strange*, que difundió en Francia durante casi veinte años las aventuras de los superhéroes Marvel. ¿Sus características? Formato pequeño y colores atenuados... ¡para pasar la censura!**

cia ficción, de los traumáticos combates de monstruos, de los relatos de clima angustioso, combinados con dibujos de colores violentos! ¡Y el conjunto de dichas visiones de pesadilla es nefasto para la sensibilidad juvenil!». En enero de 1970, sin desanimarse en absoluto, Lug retomará la llama de los superhéroes en la revista *Marvel* y, sobre todo, el mítico mensual *Strange*, en pequeño formato y con una menor presencia del color. Precauciones que se abandonan al cabo de diez números, a favor de un formato mayor (17x24 cm), a todo color, lo que realzaba las sublimes portadas pintadas por Jean Frisano, que hicieron vibrar a muchos escolares. Lug resplandecerá en Francia hasta 1989, año en que la compra la escandinava Semic. Desde hace algunos años, los superhéroes Marvel los traduce y distribuye en Francia el grupo Panini.

¿QUÉ SE LE REPROCHA A FANTASK? UNA VIOLENCIA EXCESIVA DE LA ACCIÓN... ¡E IMÁGENES A TODO COLOR!

# SUPERHÉROES, JUDAÍSMO Y PULITZER

**WILL EISNER, JACK KIRBY (ALIAS DE JACOB KURTZBERG), JERRY SIEGEL, JOE SHUSTER, JOE «CAPTAIN AMERICA» SIMON, BOB «BATMAN» KANE (ALIAS DE ROBERT COHEN), STAN LEE (ALIAS DE STANLEY MARTIN LIEBER)... DESDE HACE TIEMPO NO ES UN SECRETO PARA NADIE QUE LOS PADRES FUNDADORES DEL MITO SUPERHEROICO SON TODOS HIJOS DE INMIGRANTES JUDÍOS CENTROEUROPEOS.**

¿Coincidencia? Desde luego no para los exégetas, a cuyos ojos el superhéroe, en plena época marcada por el ascenso del nazismo, se revela como el reflejo, consciente o no, del judaísmo de sus jóvenes creadores. Así pues, Superman ha sido objeto de innumerables descodificaciones bíblicas, como por ejemplo la analogía con Moisés: al pequeño Kal El (nombre de Superman en Krypton, su planeta natal) sus padres le colocan en una cuna espacial para que huya de una muerte segura, antes de que le adopte un pueblo extranjero. Desde luego, Superman se llevará mejor con los terrícolas que Moisés con los egipcios...

**Stan Lee.**

**Jerry Siegel.**

Bob Kane.

> «ME PARECÍA QUE EVASIÓN Y EMIGRACIÓN ERAN DOS IDEAS QUE IBAN A CASAR PERFECTAMENTE. COMO UN PASE DE MAGIA, JUSTAMENTE, MI SUPERHÉROE IBA A CONCEDER PODER A LOS QUE NO TENÍAN.»
> MICHAEL CHABON

En el año 2000, el escritor Michael Chabon, en su libro *Les Extraordinaires aventures de Kavalier et Klay* (ed. Robert Laffont), produjo sin duda, en forma de una apasionante y frondosa novela de aventuras, la más definitiva y hermosa de las reflexiones sobre el judaísmo de los autores de superhéroes. La acción tiene lugar en Nueva York, en 1939, en donde el joven Samy Klayman acoge a su primo Josef Kavalier, que huye de la amenaza nazi desde Praga. Los dos primos, conjuntamente, revolucionarán la historieta, al crear un superhéroe denominado «El artista de la evasión», que tomará vida y se trasladará a Europa para derribar a Hitler.

*Best seller* con innumerables niveles de lectura, que casan lo real y lo imaginario, en 2001 el libro recibió, suprema recompensa, el premio Pulitzer. Dos años después, Michael Chabon era... ¡coguionista de *Spider-Man 2*! Por no hablar de los cómics surgidos de su propio libro...

Joe Shuster.

Joe Simon y Jack Kirby.

2

# SUPERHÉROES EN CRISIS

Al día siguiente del fin de la Segunda Guerra Mundial, los superhéroes, instalados en un triunfo indiscutible desde los años treinta, van a enfrentarse con un supervillano especialmente coriáceo. Al denunciar el insidioso impacto sobre la juventud de las aventuras de Batman y demás supermanes, el renombrado psiquiatra Fredric Wertham da en el blanco, hasta el punto de ser responsable del famoso Comics Code. Para Marvel y DC, la crisis llama a la puerta.

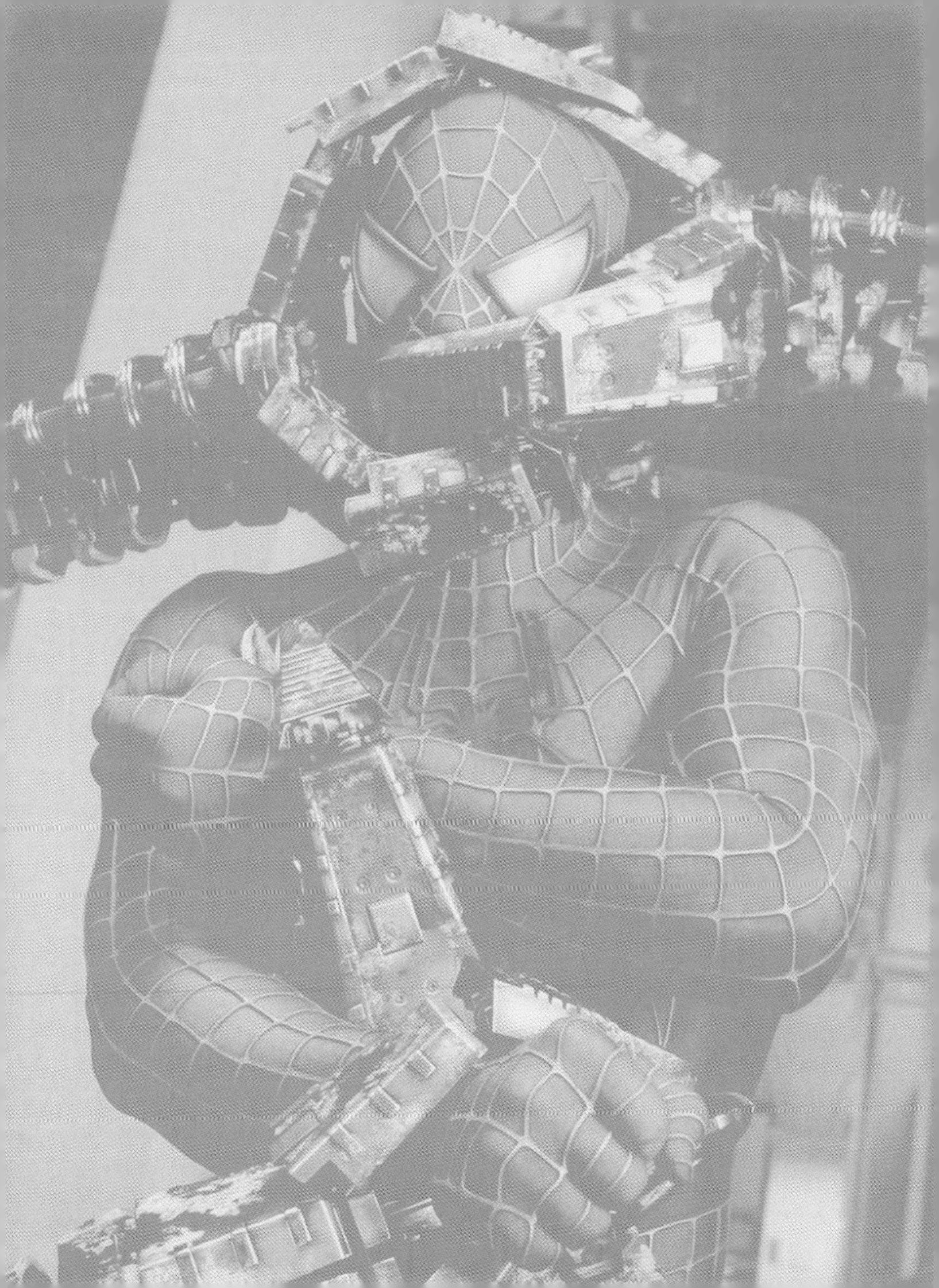

# LA SEDUCCIÓN DE LOS INOCENTES: LOS CÓMICS EN LA HOGUERA

**EL 10 DE DICIEMBRE DE 1948, EN BINGHAMTON, ESTADO DE NUEVA YORK, LOS ESTUDIANTES DE LA ESCUELA PARROQUIAL DE ST. PATRICK APILARON ALREDEDOR DE 2.000 *COMIC BOOKS* EN EL PATIO DE LA INSTITUCIÓN... Y LUEGO ENCENDIERON UNA CERILLA, ANTE LA MIRADA BENEVOLENTE DE SUS PADRES Y PROFESORES.**

El mismo año, el *New York Times* y *Newsweek* informaban de otros autos de fe. Aquellas hogueras siniestras ilustran muy bien la despiadada campaña denigratoria que se abatió contra los cómics en Estados Unidos, en la posguerra. Antes de ocuparse del rock 'n' roll algunos años después, la histeria de los cancerberos de la moral se concentró contra el 9º arte, nuevo opio al que, en el mejor de los casos, se le acusaba de embrutecer a la juventud, o de incitar a la violencia, en el peor de ellos.

> «BATMAN ES EL TIPO DE HISTORIA QUE PUEDE ESTIMULAR FANTASÍAS HOMOSEXUALES EN LOS NIÑOS.»
> FREDRIC WERTHAM

En Estados Unidos, el enemigo más feroz y más célebre de los cómics fue el renombrado psiquiatra Fredric Wertham. Partidario de la prohibición de la venta de cómics a los menores de 16 años, desde 1948 se lanzó a una cruzada muy mediática en la que, con artículos o en coloquios, se esforzó en demostrar lo nocivas que eran las historias ilustradas, especialmente las que relataban historias criminales (lo que, por tanto, abarcaba a los superhéroes). La lucha de Wertham culminó la primavera de 1954 con la publicación de su célebre *best seller Seduction of the Innocent*, pesado tocho de 400 páginas lanzado al lago de los cómics, que estigmatizaba la violen-

**El impacto de *Seduction of the Innocent*, de Fredric Wertham, hizo que las ventas de cómics cayesen considerablemtente.**

**El psiquiatra Fredric Wertham, adversario encarnizado de los cómics.**

cia de los mismos, la homosexualidad latente de Batman y Robin, o los arrebatos sadomasoquistas de Wonder Woman.

Hasta en el Senado estadounidense se llegó a hostigar a los pobres cómics: en abril de 1954, un subcomité de investigación sobre la delincuencia juvenil apuntó directamente a la parte de responsabilidad de las historietas y el doctor Wertham prestó testimonio como experto. Un efecto mediático desastroso para los héroes de papel. Balance torpe de aquella caza de brujas: el hundimiento de las ventas de cómics y la adopción por parte de las principales editoriales del famoso Comics Code.

**Batman y Robin, dos de las principales víctimas de Wertham.**

***True Crime Comics 2* (*Magazine Village*, 1947). Esta viñeta fue usada por el psiquiatra para demostrar la violencia de los dibujos.**

# SUPERHÉROES AMORDAZADOS

**EN RESPUESTA A LA VIOLENTA CAMPAÑA ANTICÓMICS QUE FREDRIC WERTHAM LLEVÓ A CABO, LAS PRINCIPALES EDITORIALES Y DISTRIBUIDORAS SE ASOCIARON PARA FUNDAR LA COMICS MAGAZINE ASSOCIATION OF AMERICA (CMAA).**

El 26 de octubre de 1954, la CMAA constituirá en su seno la Comics Code Authority (CCA), que proclamará el Comics Code: un acta de autorregulación de cuarenta y un puntos, que imponía unas abrumadoras restricciones editoriales a los cómics. Como florilegio: las historias deben concluir siempre con la victoria del bien sobre el mal; se debe respetar a las instituciones; a las mujeres se las tiene que dibujar de manera «respetable», sin acentuar su feminidad; las palabras «horror» y «terror» quedan prohibidas en la portada, al igual que los monstruos demasiado espantosos; el vestuario debe ser el conveniente; no se tratará el divorcio de forma humorística... sin olvidar otras prohibiciones de rigor (obscenidad, desnudos, blasfemias, escenas crueles o sangrientas, etc.).

***Lorna, The Jungle Queen* (1953). Al año siguiente, las palabras como *terrors* se prohibirán en portada.**

APPROVED BY THE COMICS CODE AUTHORITY

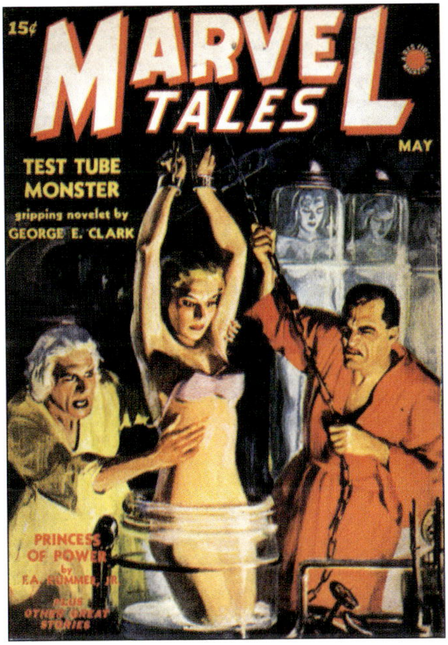


EN LOS AÑOS CINCUENTA, ENORMEMENTE INFLUIDA POR LA «CRUZADA» DE WERTHAM, UNA COMISIÓN DE INVESTIGACIÓN DEL SENADO SE INTERESA POR LOS CÓMICS COMO CAUSA POSIBLE DE LA DELINCUENCIA JUVENIL. LA CMAA DECIDE ENTONCES TOMAR LA DELANTERA.

**La CMAA prohibió desde entonces las ilustraciones demasiado ligeras de ropa.**

Aunque sin ningún tipo de autoridad legal, la CMAA gobernó con mano de hierro el pequeño mundo de los cómics, con los quiosqueros que rechazaban, de forma sistemática, vender cualquier historieta sin la aprobación y el sello de la CCA en la portada. Ejemplo de la rígida interpretación por parte del sistema: el legendario guionista Marv Wolfman, por entonces principiante en DC, no podía firmar las historias con su nombre, porque la expresión «hombre lobo» [«wolfman», en inglés] en teoría la prohibía la CCA...

En el curso de las décadas, no tan sólo la CMAA suavizará gradualmente su código, sino que, gracias al desarrollo del «mercado directo» (tiendas especializadas en cómics), serán cada vez más las editoriales que se olvidarán del famoso sello «Approved by the CCA». El año 2001, Marvel abandonó la CCA, de forma oficial, para adoptar un sistema de autocensura propio. En contrapartida, DC sigue sometiendo algunas de sus revistas a las normas del Code, aunque éste, por suerte, ya no tiene nada que ver con la versión de 1954.

# EL SUPERVILLANO JEAN-PAUL SARTRE

**EN UN ARTÍCULO EXCELENTE, PUBLICADO EN VERANO DE 2005 EN LA REVISTA ESPECIALIZADA *COMIC BOX*, XAVIER FOURNIER NOS RECUERDA QUE EN LA FRANCIA DE POSGUERRA, LOS CÓMICS TAMBIÉN TUVIERON UNOS PERSEGUIDORES ENCARNIZADOS.**

Ya en 1948, un artículo con la firma de Monique Danja en el semanario surgido de la resistencia *Droit et Liberté*, con el título de «Tarzán y Superman, enemigos de los niños», establecía un paralelismo siniestro entra la presunta perversión de los niños por parte de los cómics y los métodos nazis de acondicionamiento en el seno de las juventudes hitlerianas.

A la vanguardia de la lucha anti-cómics, Jean-Paul Sartre publicó, en su revista *Les Temps Modernes*, varias traducciones de artículos estadounidenses especialmente vindicativos, como «Psicopatología de los cómics» (mayo de 1949), en el que el autor Gershon Legman acusa, entre otras, a Superman de ser una

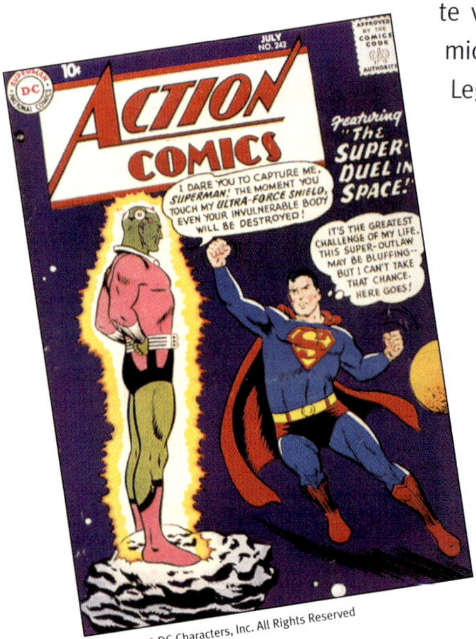

**Jean-Paul Sartre. El célebre filósofo defensor de la libertad también era un enemigo de los cómics.**

historieta antisemita: ¡el héroe de nariz recta se pasaba el tiempo luchando contra malvados de nariz ganchuda! Indudablemente, Legman debía ignorar que los creadores de Superman eran judíos.

Casi tanto como en Estados Unidos, el clima en Francia es abiertamente hostil a la historieta norteamericana, lo que desembocará, en julio de 1949, a la votación de la famosa ley sobre las publicaciones destinadas a la juventud; la misma que prohibirá *Fantask* en 1969. En 1955, Sartre seguirá con su contribución a la conjura anticómics, con la publicación, siempre en *Les Temps Modernes*, de amplios extractos del libro *Seduction of the Innocent* de Fredric Wertham. ¡Muy mal, por su parte!

PARA JEAN-PAUL SARTRE, INESPERADO CENSOR, SUPERMAN Y BATMAN NO SON LOS HÉROES DE LOS TIEMPOS MODERNOS...

# 1997: MARVEL, TERRENO EN RUINAS

**LA CASA QUE VIO NACER A SPIDER-MAN, A LOS X-MEN O HASTA A LOS CUATRO FANTÁSTICOS NO LLEGÓ A CERRAR DEFINITIVAMENTE SUS PUERTAS HASTA 1997.**

Agobiada por unas deudas de casi dos mil millones de dólares, minada desde hacía años por el desgaste inexorable del mercado del cómic, Marvel fue víctima, sobre todo, de una desastrosa estrategia de expansión, llevada a cabo por el propietario de entonces, el muy mediático *golden boy* Ronald O. Perelman, presidente del grupo Revlon, un hombre que en su vida había leído un cómic, que se

***X-Men*, número publicado en 1993.**

***Los Cuatro Fantásticos*, uno de los mayores éxitos de Marvel (n.º 500).**

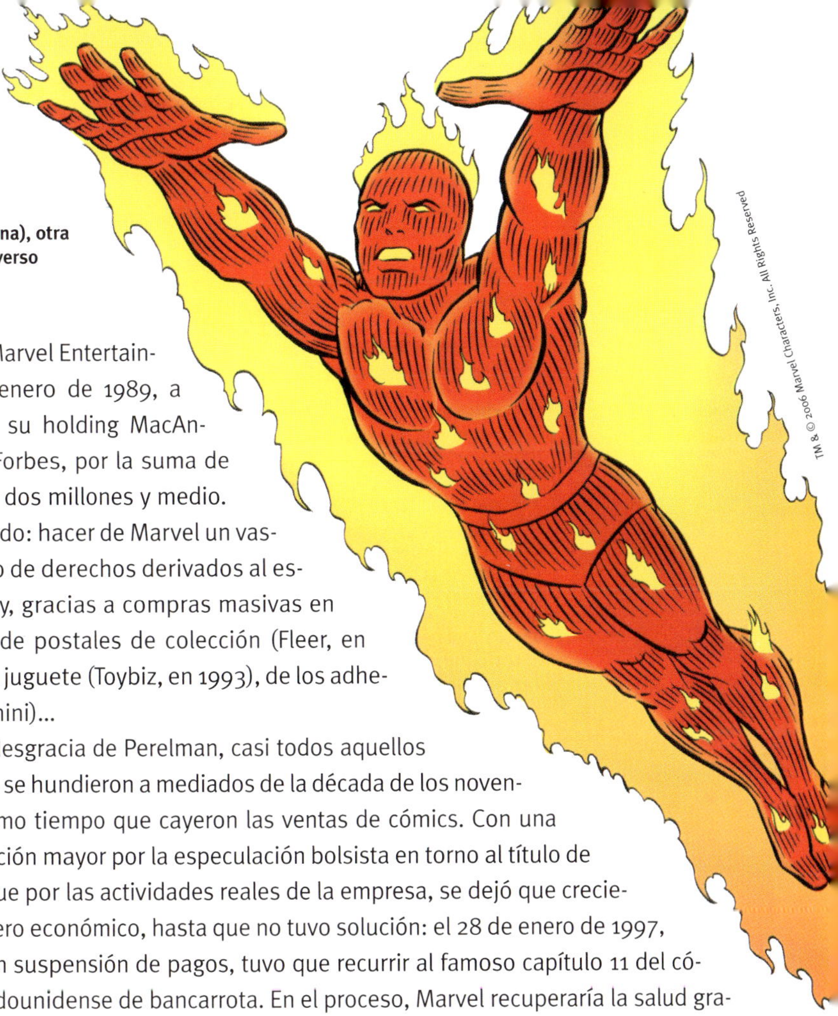

**The Human Torch (La Antorcha Humana), otra gran figura del universo Marvel.**



hizo con Marvel Entertainment en enero de 1989, a través de su holding MacAndrews & Forbes, por la suma de ochenta y dos millones y medio.

Su credo: hacer de Marvel un vasto imperio de derechos derivados al estilo Disney, gracias a compras masivas en el sector de postales de colección (Fleer, en 1992), del juguete (Toybiz, en 1993), de los adhesivos (Panini)...

Para desgracia de Perelman, casi todos aquellos mercados se hundieron a mediados de la década de los noventa, al mismo tiempo que cayeron las ventas de cómics. Con una preocupación mayor por la especulación bolsista en torno al título de Marvel, que por las actividades reales de la empresa, se dejó que creciera el agujero económico, hasta que no tuvo solución: el 28 de enero de 1997, Marvel, en suspensión de pagos, tuvo que recurrir al famoso capítulo 11 del código estadounidense de bancarrota. En el proceso, Marvel recuperaría la salud gracias a dos emigrantes israelíes, al término de una despiadada lucha jurídico-financiera en pos del control del grupo. ¡Continuará en el capítulo 3!

ESTADOS UNIDOS CALIFICA A MENUDO A MARVEL COMO «CASA DE IDEAS». EN LOS AÑOS NOVENTA, VISIBLEMENTE AGOTADO EL STOCK, MARVEL ESTÁ AL BORDE DEL HUNDIMIENTO...

# NINGUNA BODA Y UN FUNERAL: LA MUERTE DE SUPERMAN

**ENERO DE 1993: EN LA HOY HISTÓRICA *SUPERMAN* NÚMERO 75 (UNA DE SUS CUATRO REVISTAS), EL HOMBRE DE ACERO PERECIÓ AL TÉRMINO DE UNA SERIE DE ENCARNIZADOS COMBATES CON DOOMSDAY, UNA ENORME SALVAJE. CONMOCIÓN MUNDIAL.**

Las agencias de prensa más importantes se hacen eco del acontecimiento; en Francia, hecho insólito, aparecerá incluso en los telediarios. Cuidadosamente preparado, desde meses atrás, por las cabezas pensantes de DC, dicho supergolpe mediático tiene como objetivo evidente el de relanzar las decaídas ventas del personaje y sacarlo del creciente proceso de humorización, contra el cual, ni el renacer de 1986 (firmado por John Byrne) sirvió de nada.

En origen, el plan de salvamento no preveía en absoluto cargarse a Superman, sino que se casara con Lois Lane. Desde 1991, los guiones tendían a dicha conclusión, aunque aquel mismo año, DC y la cadena ABC entablaron conversaciones sobre la serie televisiva *Lois y Clark* (con Dean Cain y Teri Hatcher). Centrada en la progresiva *love story* entre sus dos héroes, la serie prometía que, al final, se les vería poniéndose los anillos. En consecuencia, DC decidió retrasar el feliz acontecimiento en la historieta, con el fin de que coincidiera con la serie televisiva. Problema: *Lois y Clark* no se emitiría hasta septiembre de 1993, cosa que hizo que los guionistas de las cuatro cabeceras de Superman echaran el freno, sobrepasados,

SUPERMAN HA MUERTO. LA ONDA EXPANSIVA ATRAVIESA EL PLANETA DE LOS CÓMICS. EL FUNERAL REÚNE A TODO EL GOTHA DC. Y, FINALMENTE, ANTE LA SORPRESA GENERAL, SIETE EPISODIOS DESPUÉS, EL SUPERHÉROE VUELVE A LA CARGA. ¡UN TRUCO PUBLICITARIO GENIAL!

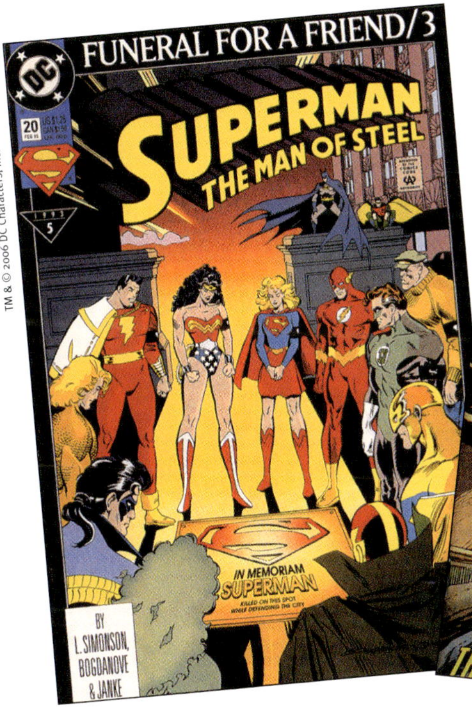


*Superman, the Man of Steel*, 1993.

La muerte de Superman, en *Superman* n.º 75.



con la superidea bajo el brazo. Según Mike Carlin, guionista jefe de las cuatro revistas, en las reuniones surgió una broma recurrente: ¿y si matamos a Superman?

La idea acabó por imponerse y DC anunció el funesto acontecimiento en otoño de 1992. La saga Doomsday ocupó siete episodios, repartidos entre cinco cabeceras de DC: *Man of Steel* n.º 18, *Justice League of America* n.º 69, *Superman* n.º 74, *Adventures of Superman* n.º 497, *Action Comics* n.º 684, *Man of Steel* n.º 19 y finalmente el célebre *Superman* n.º 75. Éste, firmado por Dan Jurgens y Brett Breeding, vendió seis millones de ejemplares, el récord total absoluto de DC. Gracias a una hábil cabriola de guión, el héroe difunto resucitó en *Superman* n.º *82*, con fecha de octubre de 1993. Hoy en día, los fans de Superman coinciden en subrayar que, más allá del golpe mediático, la saga Doomsday se distinguió por su espectacular mediocridad.

# HEROES REBORN: EL CRISOL CROSS-OVER DE MARVEL

**CUANDO LAS «BIG TWO», MARVEL Y DC, DESEAN IMPULSAR DE NUEVO LAS VENTAS Y REESTRUCTURAR EN PROFUNDIDAD EL UNIVERSO DE SUS SUPERHÉROES, SE SACAN DEL SOMBRERO EL ARMA DEFINITIVA: EL *CROSS-OVER*.**

Se trata de una gran saga transversal, que moviliza a todos o parte de los principales héroes de cada catálogo, reunidos con motivo de una confrontación de dimensiones apocalípticas, que supuestamente cambiaría para siempre jamás el orden de las cosas. En 1985, en su quincuagésimo aniversario, DC lanzó con éxito la epopeya titánica *Crisis on Infinite Earths* (véase capítulo 8). En 1996, Marvel intentó una operación parecida con *Heroes Reborn*, saga que implicaba a cuatro cabeceras, a la búsqueda de un segundo aliento: *Fantastic Four* (*Los Cuatro Fantásticos*), *Avengers* (*Los Vengadores*), *Iron Man* y *Capitán América*.

Parrilla de salida: los héroes citados han sido sacrificados en el curso de una lucha despiadada contra Onslaught, mega-supervillano, que amenazaba a la humani-

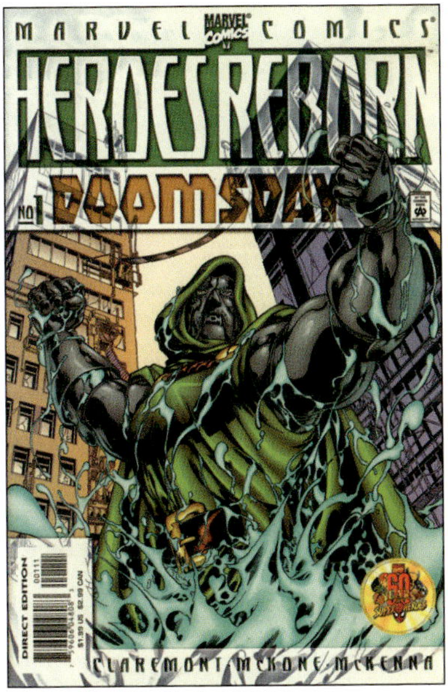

CON EL FIN DE PERMITIR UNA REESTRUCTURACIÓN A FONDO DE SUS PERSONAJES, MARVEL SACRIFICA A SUS HÉROES, PARA HACERLOS RENACER EN OTRA PARTE... ¡SIN ÉXITO!

dad entera, y vencido al final de la saga Onslaught, que se inició en la revista *X-Men*. De hecho, ninguno de ellos ha muerto de verdad: se les ha transportado a un microuniverso paralelo, en el que llevan una nueva vida, con una nueva identidad. *Heroes Reborn*, enorme operación de marketing, bajo el pretexto de reinvención artística, fue confiada por Marvel a una empresa subcontratada muy de moda, Image Comics, fundada en 1992 por los dibujantes estrella Jim Lee y Rob Liefeld (dos ex Marvel): Lee se encargó de las nuevas versiones de Iron Man y los Cuatro Fantásticos, mientras Liefeld lo hizo con Capitán América y Los Vengadores.

Al final, la operación se saldó con un éxito comercial a medias, aunque especialmente con un enorme fracaso crítico que empañaba gravemente la imagen de Marvel entre los fans. Al cabo de un año, los héroes volvieron al redil de manera doble —a Marvel y a su universo inicial, mediante la pirueta guionística de rigor— y realizado todo como si no hubiera pasado nada. A pesar de aquel desaire humillante, Marvel, con motivo del décimo aniversario de *Heroes Reborn*, reeditó la saga en otoño de 2006. Un nuevo *crossover* Onslaught en cinco capítulos (denominado *Onslaught Reborn*) apareció también en noviembre, con el regreso del terrible villano al que, sin embargo, se creía muerto. Pero ya se sabe, en los cómics nunca se muere de verdad.

3

# CHOQUE DE TITANES

A la derecha, DC Comics, honor de la Historia de los Cómics, fundadora del héroe de culto Superman, así como de Batman, Wonder Woman y Flash. A la izquierda, la aspirante, Marvel, que tiene en su palmarés al inamovible Spider-Man, así como los Cuatro Fantásticos, Hulk y los X-Men. El combate es de alto nivel, a imagen del *cross-over Superman versus The Amazing Spider-Man*.

"¡OJALÁ NOS VEAMOS DE NUEVO, SPIDER-MAN!"
"SEGURO, COLEGA, ¡NO LO DUDES!"

# DC, REINA DE LA «GOLDEN AGE»

**DETECTIVE COMICS, O DC, ES LA MÁS ANTIGUA DE LAS EMPRESAS EDITORIALES DE HISTORIETAS EN ESTADOS UNIDOS. NACIDA EN 1937, LUEGO REBAUTIZADA NATIONAL PERIODICAL PUBLICATIONS (VÉASE CAPÍTULO 1), DOMINÓ POR COMPLETO LA FAMOSA EDAD DE ORO DE LOS CÓMICS, PERÍODO QUE VA DEL NACIMIENTO DE SUPERMAN, EN 1938, HASTA EL FINAL DE LA GUERRA.**

Después incluso de aquella edad de oro y del sombrío período de los años cincuenta, la NPP conserva el primer lugar. Cuando, a inicios de la década de los cuarenta, la NPP pone en la portada de todas sus revistas el logo circular «a DC publication», los lectores la identifican desde entonces con el apodo de «DC».

Oficialmente, las iniciales se refieren a *Detective Comics*, el primerísimo *comic book* editado por la NPP, en marzo de 1937 (y aún hoy en publicación). Pero en la época, una broma interna atribuía DC más bien a «Donnenfeld Comics», por el apellido de Harry Donnenfeld, presidente de la NPP.

**1940 : la Justice Society of America.**

DC fue la creadora del primer superhéroe de la historia (Superman, en *Action Comics*, en junio de 1938), de la primera revista regular consagrada a un superhéroe (*Superman*, en 1939), del primer equipo de superhéroes (La Justice Society of America en 1940, «remaquetada» en 1960 en la Justice League of America) e, incluso, del primer pastiche de un superhéroe (Red Tornado en 1940, de Sheldon Mayer). En 1961, año en el que Marvel lanzará la bomba Fantastic Four, DC sigue

## DC COMICS O LA «DISTINGUIDA COMPETENCIA»...

**El primer número de *Superman*, en 1939.**

siendo *la* referencia en materia de superhéroes.

Pero durante los diez años siguientes, cuando Marvel innova con superhéroes «frágiles», frente a los inflexibles Superman y Batman, el liderazgo de DC se irá hundiendo progresivamente, tanto artística como comercialmente. En 1967, todavía en el número uno, aunque seguida muy de cerca por Marvel, DC pasará a ser propiedad del grupo de empresas Kinney National (¡especializado en los aparcamientos de coches y la limpieza de empresas!) que, en 1968, también se comerá a los estudios Warner Bros. En 1972, tras un escándalo financiero que afectó a su rama de aparcamientos, la Kinney se concentra en el negocio del entretenimiento, y se rebautiza como Warner Communications (la futura Time Warner a finales de 1989). Por lo que respecta a la NPP, no llegará a adoptar oficialmente el nombre de DC hasta 1976.

**El n.º 1 de *Detective Comics*, el primer *comic book* de National Periodical Publications, en 1937.**

# MARVEL COMICS: STAN LEE FOREVER

**EL MAREMOTO SUPERMAN CONSEGUIRÁ IMITADORES MUY PRONTO. EN OCTUBRE DE 1939, MARTIN GOODMAN, OPORTUNISTA EDITOR JOVEN DE «NOVELAS DE ESTACIÓN» (LAS FAMOSAS *PULP FICTIONS*) PRESIENTE EL PREMIO GORDO, ASÍ QUE SE LANZA AL MUNDO DE LA HISTORIETA Y, MÁS CONCRETAMENTE, AL DE LOS SUPERHÉROES.**

En el seno de su empresa, funda el sello Timely Publications, consagrado en exclusiva a los cómics, y cuya primera revista será *Marvel Comics* n.º 1. En el sumario: The Human Torch, un robot capaz de incendiarse (inspirará a la futura Antorcha Humana de los Cuatro Fantásticos en 1961) y The Sub-Mariner, alias Namor, el príncipe de los mares. Éxito enorme. Timely Comics sube como la espuma, sus artistas (Bill Everett, Carl Burgos, Joe Simon, Jack Kirby...) quedan desbordados y Martin Goodman contrata a un primo político suyo, como ayudante: se trata de Stanley Martin Lieber, de diecisiete años, hijo de emigrantes judíos rumanos, aprendiz de escritor que, sin saberlo, se quedará atrapado en el mundo del cómic, durante muchos años.

En 1941, Stanley, que mantiene intactos sus sueños de gloria literaria, firma con seudónimo su primer guión para historieta: Capitán Améri-

**Stan Lee se enfunda el traje de su superhéroe, Spider-Man.**

SUS HÉROES SON SERES HUMANOS FALIBLES E IMPERFECTOS, RABIOSOS, MELANCÓLICOS, VANIDOSOS O ÁVIDOS. AL REINVENTAR EL GÉNERO, STAN LEE DEJA UNA HUELLA INDELEBLE EN LA HISTORIA DE LOS CÓMICS.

ca, creado por Joe Simon unos meses antes. ¿El seudónimo? Su nombre de pila, sencillamente partido en dos: Stan Lee. Cuando desde 1961, Lee, que entre tanto ha llegado a redactor jefe de Marvel, revoluciona Timely (al encadenar la cocreación de las cabeceras *Fantastic Four*, *Spider-Man*, *Hulk*, *X-Men*, *Daredevil*, etc.), aporta un «plus» con relación a DC, al encarnar literalmente a su empresa, rebautizada Marvel en 1963.

Con don de gentes, y ávido de los medios de comunicación, maneja de forma experta la autoparodia, que instaura en todos los rincones de página de las historietas. Periodistas, universitarios y estudiantes harán de Stan Lee un icono a la última de la cultura pop, invitado a los campus de todo el mundo (Japón, Italia, Alemania, Francia, China...) a dar conferencias sobre Spider-Man y sus colegas. Incluso hoy en día, aunque en Marvel tan sólo ocupa un cargo honorífico desde 1998, el vivaracho octogenario sigue siendo invitado a cualquier gran feria de cómics, y concediendo entrevistas con ocasión de cualquier película basada en un personaje de Marvel. Por lo que se refiere a la empresa, tras la bancarrota de 1997, ha renovado el éxito y, en 2006, sigue encabezando el mercado por delante de DC, con un estrecho margen, tanto en cifra de negocios como en volumen.

**Stan Lee durante la Segunda Guerra Mundial. Unos años después, se convierte en una figura esencial del universo Marvel, hasta el punto de encarnarlo.**

# 1998: MARVEL, CAMPO DE BATALLA

**PRINCIPIOS DE 1997. EL TRIBUNAL FEDERAL DE INTERVENCIÓN DE WILMINGTON (DELAWARE) DEBE ESTABLECER EL FUTURO DE UNA MARVEL EXANGÜE (EN 1996, EL GRUPO SUFRE PÉRDIDAS POR VALOR DE 464 MILLONES DE DÓLARES, EN VEZ DE LOS 48 MILLONES DE 1995).**

Dos tiburones se disputan el control de la empresa moribunda: Ron Perelman, el propietario de entonces (véase capítulo 2), y el multimillonario Carl Icahn, con el apoyo del Chase Manhattan Bank y que representa a los millones de pequeños accionistas de Marvel. El 28 de abril de 1997, el tribunal federal zanja provisionalmente a favor del plan de viabilidad de Icahn.

Aunque la victoria del hombre rico dura poco. Surgen los *outsiders* Ike Perlmutter y Avi Arad, directivos de Toybiz, el fabricante de juguetes, del que Marvel había comprado el 46% en 1993. Inmigrados israelíes, ex combatientes de la Guerra de los Seis Días y auténticos fans de los cómics (sobre todo Avi Arad, que de niño devoraba los escasos superhéroes Marvel que se publicaban en Israel), los dos hombres se convencen de que Marvel ha pasado de Caribdis a Escila. Al igual que Perelman, Icahn no sabía nada sobre la historieta. Para él, Marvel es, antes que nada, una herramienta de plusvalía en la Bolsa. Una empresa para tomarla, engrasarla y dejarla cuando se quiera.

**Avi Arad, directivo de Toybiz, se pone a la cabeza de Marvel.**

Inquietos por el futuro de su propia empresa, Ike y Avi organizan un grupo de presión encarnizado dirigido a los acreedores de Marvel, para convencerles de que acepten su propio plan de relanzamiento. En el programa: fusión de Marvel y Toybiz, y política de salida de la crisis Hollywood mediante. Los bancos lo aprueban, y también el juez. En julio de 1998, tras medio año de un sangriento conflicto jurídico-financiero con Carl Icahn, Toybiz toma el control de Marvel con el consentimiento

> «UN BUEN CÓMIC DEBE SER LA METÁFORA DE LAS INQUIETUDES DE SU ÉPOCA.»
> AVI ARAD

del tribunal de Wilmington. Y que la antigua filial de Marvel sea la accionista mayoritaria antes de re-bautizar el conglomerado Marvel Enterprises. David ha vencido a Goliat, los «pequeños» Arad y Perlmutter han de-rrotado a los ogros Perelman e Icahn.

# SUPERMAN CONTRA SPIDER-MAN

**PRIMAVERA DE 1979: LA SALIDA DEL ÁLBUM DE GRAN FORMATO *SUPERMAN CONTRA SPIDER-MAN* ES UN ACONTECIMIENTO EN LOS PATIOS DE LAS ESCUELAS. COMO REMARCA LA ESPLÉNDIDA PORTADA –UN CARA A CARA DE LOS DOS HÉROES EN LA CIMA DEL EMPIRE STATE BUILDING, UN GUIÑO A KING KONG– SE TRATA DEL «COMBATE DEL SIGLO».**

La película *Superman* se estrenó en enero del mismo año y el fenómeno triunfa por todo lo alto en el Hexágono: un *timing* perfecto para el editor francés Sagédition, que publica entonces esa historieta de 96 páginas, aparecida en 1976 en Estados Unidos bajo el título *Superman versus The Amazing Spider-Man*. Conspirado en colaboración por Carmine Infantino y Stan Lee, los dueños respectivos de DC y Marvel, este formidable acierto de marketing será el primerísimo *cross-over* entre dos superhéroes enseña de dos empresas competidoras.

*Superman contra Spider-Man* constituye un innegable estreno en la Historia de los cómics, incluso aunque Marvel y DC ya habían coeditado en 1975 una adaptación del *Mago de Oz*. Con dibujos de Ross Andru y guión de Gerry Conway (artistas Marvel que se encargan de Spider-Man) «S contra S» desarrolla una intriga torpe aunque divertida:

**Indudablemente, uno de los episodios más célebres de la historia de los cómics: el encuentro entre los dos superhéroes de DC Comics y Marvel.**

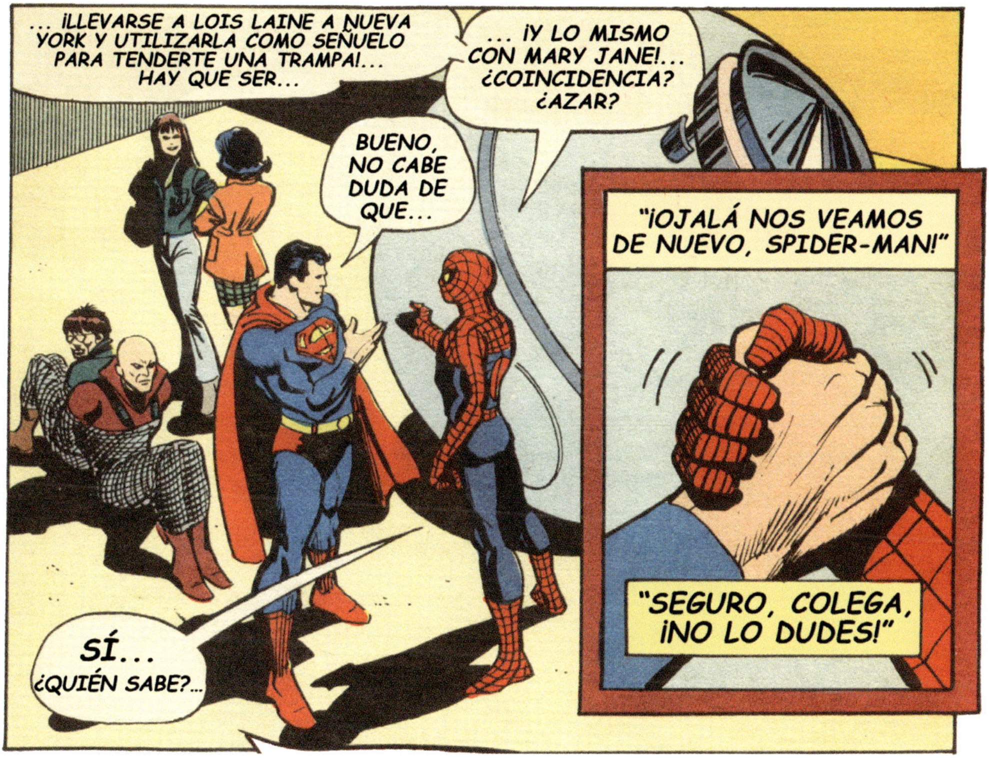




**Un símbolo... ¿y una promesa para el futuro?**

después de enfrentarse gracias a una manipulación orquestada por sus enemigos respectivos Lex Luthor y el doctor Octopus, Superman y Spider-Man se asocian para impedir que los dos villanos desencadenen, desde el espacio, una serie de cataclismos sobre la Tierra. Bien está lo que bien acaba y en la última viñeta se ve como Clark Kent, Peter Parker y sus compañeras Lois Lane y Mary Jane Watson, cogidas las parejas del brazo, ¡van a cenar los cuatro a un restaurante!

La historieta no fue el éxito que se esperaba, pero consiguió el eco suficiente para incitar a Marvel y DC a renovar los duelos en la cumbre entre sus propios héroes, durante los años siguientes.

ES EL PRIMER (Y EN MUCHO TIEMPO EL ÚNICO) ENCUENTRO ENTRE MARVEL Y DC. Y, DESDE LUEGO, ES SOBRE TODO EL CHOQUE DE LOS TITANES.

# NO MOLESTES A MI «SUPERHÉROE»

**EN ENERO DE 2003, LA EDITORIAL INDEPENDIENTE ESTADOUNIDENSE GEEKPUNK LANZA UN *COMIC BOOK* DESTERNILLANTE: *SUPER HERO HAPPY HOUR*, LA HISTORIA DE UNOS SUPERHÉROES QUE SE REÚNEN EN EL BAR PARA CHARLAR, COPA EN MANO, TRAS UN DURO DÍA DE CURRO.**

Ante la muy buena acogida de crítica y público, Geekpunk repite la jugada tres veces durante el año... hasta que un día una carta certificada les recuerda que la expresión «superhéroe» es una marca registrada conjuntamente por DC y Marvel. Y para el número 5 de *Super Hero Happy Hour*, de enero de 2004, Geekpunk rebautizó prudentemente su historieta *Hero Happy Hour*.

Concretamente, cualquier editor puede utilizar el término «superhéroe» dentro de un *comic book*, aunque tan sólo Marvel y DC tienen el derecho de explotar la fórmula en plan de argumento comercial, esto

***Super Hero Happy Hour*, de Geekpunk, la revista con la que llegó el escándalo.**

**Privada de la palabra «superhéroe», Geekpunk rebautiza la revista.**

**Tan sólo Marvel y DC Comics pueden poner «superhéroe» en portada.**

es en portada. Los dos grupos han corregistrado el nombre en 1979, en la oficina estadounidense de patentes y marcas comerciales. En el origen de esa inesperada alianza, está la comercialización por parte del fabricante Mego, en los años setenta, de muñecos con la efigie de los personajes de las dos empresas, bajo la gama «Los superhéroes más grandes del mundo». La mención «superhéroes es una marca registrada de Mego» en el embalaje, escoció a DC y Marvel, ya que ambas utilizaban aquel término desde hacía décadas.

Se produjo un acuerdo entre las tres partes y DC/Marvel recuperaron el uso exclusivo del nombre. Está bien ser competidor frontal, pero un pequeño acuerdo estratégico para repartirse mejor el mercado ¡nunca está de más!

«SÓLO LOS SUPERHÉROES PUEDEN OFRECER UNA VIDA EN COLOR.»
ALAN MOORE

# ¡STAN LEE CONTRA MARVEL!

**EN NOVIEMBRE DE 2002, STAN LEE, COCREADOR DE SPIDER-MAN EN 1962 JUNTO AL DIBUJANTE STEVE DITKO, INICIÓ UN SONORO PROCESO CONTRA SU ANTIGUA EMPRESA, MARVEL.**

Motivo: la película *Spider-Man* acababa de recaudar más de ochocientos millones de dólares, en las salas del mundo entero y el viejo Stan no había tocado ni un céntimo. Se trataba de una violación del muy especial contrato que lo vinculaba con Marvel, después de que la nueva dirección lo apartara del grupo, en 1998. Dicho contrato preveía un sueldo de un millón de dólares al año, en tanto que «presidente emérito» y, el objeto del litigio, una participación del 10% en los beneficios que Marvel sacara de películas futuras inspiradas en personajes creados por Lee.

Para los abogados de Lee, no había duda: Marvel manipuló la contabilidad, de manera vergonzosa, para impedir que se respetara dicha cláusula del contrato. Después de sesenta años pasados en el seno de la empresa, y varios años soñando en vano con una adaptación de Spider-Man para el cine, a Lee le supo muy mal no recoger los frutos del triunfo de la película. Al final, en mayo de 2005, un tribunal neoyorquino le dio definitivamente la razón al creador, y ordenó a Marvel que respetara sus compromisos, con la entrega a Stan Lee de lo que se le debía. Una cantidad que no debía ser demasiado gravosa, ya que entretanto se había estrenado *Spider-Man 2*, y los ingresos mundiales acumulados de las dos películas alcanzaron los mil seiscientos millones de dólares.

«SIEMPRE HE SABIDO QUE TENÍA SUPERPODERES.»
STAN LEE

Lee tuvo más suerte que Marv Wolfman, creador del cómic *Blade* en 1972, y que había perseguido, sin éxito, a la idéntica Marvel con motivo de los ingresos de la película homónima, con Wesley Snipes. Indudablemente, Stan Lee tenía más superpoderes.

***Spider-Man*, estrenada en 2002 con Tobey Maguire en el papel protagonista, fue un éxito comercial enorme... ¿excepto para Stan Lee?**

# CAPITÁN MARVEL: EL RIVAL DE SUPERMAN

**ENTRE LOS SUPERHÉROES QUE SURGIERON COMO SETAS EN LA ESTELA DEL TRIUNFO DE SUPERMAN, SÓLO HABRÁ UNO QUE SERÁ CAPAZ DE RIVALIZAR DE VERDAD CON EL HOMBRE DE ACERO LLEGADO DE KRYPTON: CAPITÁN MARVEL, PUBLICADO POR FAWCETT COMICS EN EL NÚMERO 2 DE *WHIZ COMICS*, CON FECHA DE FEBRERO DE 1940.**

Firmado por Charles Clarence Beck y Bill Parker, el cómic relata el destino de Billy Batson, un huérfano que vende periódicos, cuya vida quedará trastornada por el encuentro con un viejo mago, Shazam, el cual, antes de morir, ha decidido transmitir sus poderes al joven. Basta que Billy grite el nombre «Shazam» (acrónimo de Salomón, Hércules, Atlas, Zeus, Aquiles y Mercurio), para transformarse de golpe en Capitán Marvel, super-

PODERES SOBREHUMANOS, UNA DOBLE PERSONALIDAD... ¿A QUÉ LE RECUERDA? ¿A SUPERMAN? ¡NO, EL CAPITÁN MARVEL!

héroe enteramente vestido de rojo y oro, adornado el pecho con un relámpago, y la espalda con una capa blanca.

Los chiquillos quedan seducidos inmediatamente (convertirse en superhombre al pronunciar una sencilla fórmula, ¡es la bomba!) y *Captain Marvel* llegará a ser el cómic más vendido en Estados Unidos, por delante de *Superman*. Será, incluso, el primerísimo superhéroe de la Historia adaptado por el cine, en el serial *Adventures of Captain Marvel*, de 1941. Aunque, como lo había hecho con otros dos héroes anteriores de Fawcett (Wonder Man y Master Man), DC demandó a la editorial por plagio de Superman y, al cabo de doce años de procedimiento, ganó el proceso, mediante recurso, en 1952.

Fawcett tuvo que dejar de publicar las revistas de Capitán Marvel y las afiliadas. Ironías del destino: DC recuperó en 1972 el catálogo de la difunta Fawcett y publicó nuevas aventuras de Capitán Marvel, rebautizado Shazam, ya que la competidora Marvel había creado su propio Capitán Marvel, en 1967.

4

# DEL PAPEL A LA PANTALLA: LA AVENTURA SIGUE

Invadieron las ondas radiofónicas, luego la pequeña pantalla, antes de aterrizar, con más o menos éxito, en el cine. George Reeves y Christopher Reeve como Supermanes audaces, Wesley Snipes en la piel de Blade, Tobey Maguire revelado como estrella gracias a Spider-Man, Jessica Alba como mujer invisible en los Cuatro Fantásticos. ¡Al inicio del siglo XXI, los superhéroes en versión pantalla grande van viento en popa!

# BUD COLLYER: EL SUPERMAN OCULTO

**SUPERMAN NO TARDÓ DEMASIADO EN AVENTURARSE MÁS ALLÁ DE LOS CÓMICS. DESDE 1940, ROBERT JOFFE MAXWELL, A LA CABEZA DE SUPERMAN INC. (LA FILIAL DE MERCHANDISING DE DC), INICIÓ LA PRODUCCIÓN DE UN SERIAL RADIOFÓNICO: *LAS AVENTURAS DE SUPERMAN*, QUE ESE MISMO AÑO ARRANCÓ EN EMISORAS LOCALES DE RADIO.**

**Bud Collyer (en el centro), el primer intérprete de Superman, al que prestó... su voz.**

En la época, la radio era un medio de comunicación más extendido que la televisión, así pues se trató de una elección obvia para promover la marca Superman. El éxito comportó, desde 1942, la difusión del serial en una cadena nacional y hasta 1951 hizo entrar, tres veces a la semana antes de la hora de cenar, a Superman en millones de hogares estadounidenses; el famoso eslogan «It's a bird! It's a plane! It's Superman!» declamado en antena por la voz potente de Jackson Beck proviene de allí. Al igual que personajes no creados por Siegel y Shuster, como Perry White, el jefe de Clark Kent en el *Daily Planet*, y Jimmy Olsen, el joven fotógrafo.

También fue en las ondas radiofónicas donde nació oficialmente la kryptonita, el metal fatal para Superman. Aún más: en la historieta, Superman tenía el poder

EN 1940, SUPERMAN DESEMBARCA EN LAS ONDAS RADIOFÓNICAS CON LA VOZ DE BUD COLLYER INTERPRETANDO AL SUPERHÉROE. SU RÉPLICA MÁS FAMOSA, EN BOCA DE CLARK KENT: «¡ÉSTE ES UN TRABAJO PARA SUPERMAN!»

de efectuar saltos extraordinarios, pero no volaba. Dicho don le será atribuido progresivamente en la radio, para luego introducirse en el cómic.

Se contrató al actor Clayton «Bud» Collyer, de 32 años, para encarnar ante el micrófono a Clark Kent/Superman. Muy reticente y preocupado porque se le etiquetara como Superman de por vida, solicitó a los productores que no se revelara nunca su identidad por antena. Buena idea: el misterio que envolvía su voz daba la impresión a los jóvenes oyentes de que Superman existía de verdad. Experto en canto, Collyer supo distinguir a Clark Kent de Superman, ante el micro, al adoptar una voz de tenor para Kent, y de barítono (tesitura una octava más baja) para Superman. El artista retomó el doble papel dos veces: siempre «en secreto» entre 1941 y 1943 en *Superman*, la célebre serie de dibujos animados producida para el cine por los estudios Fleischer (Betty Boop, Popeye...); y en 1966 en la serie de animación para televisión *Las nuevas aventuras de Superman*. Por tanto, Bud Collyer fue el primerísimo intérprete de Superman, ¡aunque el único a quien el público no le ha visto el rostro!

**Anuncio para la serie *Superman*, emitida por radio en los años cuarenta.**

# GEORGE REEVES: LA SOSPECHOSA MUERTE DEL SUPERMAN CATÓDICO

**EL ÉXITO DE SUPERMAN EN LA RADIO COMPORTÓ, PARALELAMENTE, LA PRODUCCIÓN DE DOS SERIALES CINEMATOGRÁFICOS, UN GÉNERO MUY APRECIADO POR EL PÚBLICO ANTES DE LA IRRUPCIÓN DE LA TELEVISIÓN EN LOS AÑOS CINCUENTA.**

*Superman* (1948) y *Atom Man Vs Superman* (1950), con el ex bailarín de Broadway, Kirk Alyn, en el papel protagonista, y en el de Lois Lane, la actriz Noel Neill (en la actualidad, de 87 años de edad y todavía muy popular en Estados Unidos). Aunque el aura de Superman se impuso de verdad con la serie televisiva *Las aventuras de Superman*, precedida en 1951 de un episodio piloto de una hora, para el cine, y luego emitida entre 1952 y 1957, con George Reeves luciendo el vestido rojo y azul, o más bien marrón y gris durante las dos primeras temporadas, rodadas en blanco y negro.

Cuarentón con la mandíbula cuadrada, Reeves ya tenía varias películas en su haber (como *Lo que el viento se llevó*). Pero Superman, que encarna a la manera de un padre de familia protector de Estados Unidos y sus valores, hará de él una superestrella. Tras la supresión de la serie, el actor, inmerso en la depresión, no encontrará un papel nunca más, y se verá obligado, para vivir, a participar en combates de lucha libre... vestido de Superman.

Cuando, a pesar de todo, la serie se tenía que volver a programar en 1960, a Reeves le encontrarán en su mansión de

EN LOS AÑOS CINCUENTA, GEORGE REEVES ENCARNA A SUPERMAN. LA SERIE PERMITE AL SUPERHÉROE ALCANZAR UNA POPULARIDAD EXCEPCIONAL.

**El hombre de acero de la serie televisiva *Las aventuras de Superman* lleva al superhéroe a la cima... antes de que llegue el drama.**

New York Post

BLUE FINAL

TV'S 'SUPERMAN' KILLS SELF

Los Ángeles, con un balazo en la cabeza, la noche del 15 al 16 de junio de 1959. La conclusión de la policía será el suicidio, pero hoy en día aún planean sobre la muerte de Reeves grandes zonas de sombra, y gran número de fans creen más bien que se trató de un asesinato. Un misterio del que la película *Hollywoodland*, con Ben Affleck en el papel de George Reeves, se ha hecho eco recientemente.

# RICHARD DONNER: UN TRONO PARA SUPERMAN

**EL FUTURO REALIZADOR DEL PRIMER SUPERMAN CON CHRISTOPHER REEVE, SE ENCONTRABA EN EL RETRETE UN DOMINGO POR LA MAÑANA DE 1976, CUANDO RESPONDIÓ LA LLAMADA TELEFÓNICA QUE LE NOTIFICABA SU SIGUIENTE TRABAJO.**

**Elegido en 1978 entre doscientos candidatos, Christopher Reeve interpretará a Superman.**

Al teléfono, el productor francopolaco Alexander Salkind le propone a Richard Donner realizar en paralelo dos *Superman* (al final sólo realizará una parte del segundo) por la cantidad de un millón de dólares. Marlon Brando y Gene Hackman ya han dado el beneplácito para representar, respectivamente, a Jor El (el padre de Superman) y Lex Luthor (su reconocido enemigo). Pero aún se está buscando el rostro que encarnará a Superman. En la tarjeta de visita de su peluquera a domicilio, aún sentado, Donner garabatea estos pormenores, durante la conversación: «Un millón de dólares, Hackman y Brando disponibles, Superman...».

«Fue la llamada telefónica más importante de mi carrera», confesaría Donner después, además de precisar que la famosa tarjeta está enmarcada en su despacho, desde entonces. A su estreno en 1978, la película fue una auténtica conmoción. Efectos especiales nunca vistos hasta aquel

«SUPERMAN ME HA DEJADO UNA IMAGEN. CUANDO ERA NIÑO, ADORABA LOS CÓMICS [...] EN ELLOS HABÍA ALGO SENCILLO, INGENUO Y NO MUY COMPLEJO.»
RICHARD DONNER

© Photos12.com - Collection Cinéma

momento, la música sublime de John Williams y, desde luego, la inolvidable interpretación de Reeve. *Superman* ha trastornado a generaciones de futuros cineastas, y en primera fila de ellos está Bryan Singer, que en el controvertido *Superman Returns*, se inspiró abiertamente en la obra maestra de Donner. Conmovedor fue que se cambiaran las tornas: en octubre de 2006, el número 844 de la mítica *Action Comics* (la revista en la que nació Superman) vio cómo desembarcaba en sus páginas un guionista de nombre... Richard Donner. A petición de la editorial DC, el realizador (¡con 76 años!) y su veterano ayudante Geoff Johns emprendieron la escritura de una aventura de Superman, en seis partes, dibujada por Adam Kubert. Moraleja: ¡si vas al trono, no te dejes el teléfono!

# BLADE: LA REVANCHA DE MARVEL EN EL CINE

**DESDE LOS AÑOS SETENTA, STAN LEE, ASCENDIDO A *PUBLISHER* DE MARVEL EN 1972 (EQUIVALENTE A DIRECTOR DE PUBLICACIÓN), SE EMPEÑÓ EN HACER QUE SUS HÉROES DE PAPEL ENCONTRARAN UNA SEGUNDA VIDA EN DIRECTO, EN LA PANTALLA.**

Pero en esos tiempos ya pasados, en los que la informática todavía no había revolucionado los efectos especiales, a los superhéroes se les miraba como figuras de opereta, que sólo servían para generar dibujos animados o series kitsch (el *Batman* de los sesenta). En cuanto a la gran pantalla, no valían un pimiento, con *Superman* de excepción que confirma la regla.

***X-Men*, de Bryan Singer, 2000.**

De hecho, Marvel confió en la CBS para adaptaciones en series televisivas de *Spider-Man* (1977), *Hulk* (1978), *Dr. Strange* (1978) y *Captain America* (1979). Aparte de *Hulk*, que a pesar de sus defectos duró cinco temporadas y se convirtió relativamente en serie de culto, las demás resultaron ser unas atroces purgas sin presupuesto, suprimidas al cabo de un puñado de episodios. En los años ochenta, Marvel cedió otros derechos para el cine, con resultados igualmente lamentables: *Punisher* en 1989, *Captain America* en 1991...

Año 1998, fin de la maldición. Tras el éxito de *Men in Black*, basada en

© Photos12.com - Collection Cinéma

*Blade,* de Stephen Norrington, 1998. Wesley Snipes, sempiterno secundario, en este caso encarna al protagonista.

una historieta Marvel, aunque los medios no lo destacaran demasiado, la película *Blade*, con Wesley Snipes, se estrena en pleno mes de agosto. Se trata de la adaptación de un personaje secundario de Marvel, mitad vampiro, mitad humano, creado en 1972 por Marv Wolfman y Gene Colan en el cómic *Tomb of Dracula*. En las entrevistas, Snipes, gran fan de los cómics, cita abundantemente a Marvel. Aplaudida por la crítica, *Blade* destrona, en la semana del estreno, a *Salvar al soldado Ryan* como película más taquillera. Un éxito inesperado para Marvel, por entonces en bancarrota total y que reafirmará a su futuro codirigente Avi Arad en su política de salida de la crisis gracias al cine.

Gracias a *Blade*, el estudio Fox, que tenía los derechos de *X-Men* desde 1995 y que dejaba pasar el tiempo, se decidió finalmente, en septiembre de 1999, a rodar la película. Y en verano de 2000, el éxito internacional de *X-Men* acelerará la producción de otra película crucial para Marvel... *Spider-Man*.

# SPIDER-MAN EN EL CINE: ATRAPADO EN LA TELA DE LOS PROCESOS

**SE PRECISARON QUINCE AÑOS Y MUCHOS ABOGADOS PARA QUE SPIDER-MAN LLEGASE AL CINE. EN 1985, MARVEL VENDE POR 225.000 DÓLARES (¡UNA MISERIA!) LOS DERECHOS DEL HOMBRE ARAÑA A LA FIRMA CANNON, PARA UNA PELÍCULA QUE DEBÍA ESTRENARSE EN LA NAVIDAD DE 1986.**

Problema: apreciada por sus peliculillas con Chuck Norris, la Cannon quiere producir *Spider-Man* por icinco millones y medio de miserables dólares! Felizmente, ese *Spider-Man cheap* no verá nunca la luz y en 1998, cuando la Pathé compra la Cannon, el ex dueño de ésta, Menahem Golan, se queda con los famosos derechos en el seno de su nueva sociedad, 21st Century. La cual, en 1990, cederá finalmente Spider-Man al estudio Carolco (*Instinto básico*, *Terminator 2*...), que confía a James Cameron la tarea de escribir y realizar la futura película (se habla de Leonardo di Caprio en el papel de Peter Parker).

© Photos12.com - Collection Cinéma

Todo se tambalea cuando Cameron le rechaza a Golan el derecho a figurar como productor en los créditos. Entonces Golan demanda a Carolco en 1993, y asimismo a las empresas Viacom y Columbia (que tenían, respectivamente, los derechos televisivos y videográficos)... que a su vez, le

«HAGA LO QUE HAGA, SEAN CUALES SEAN LOS ESFUERZOS, LOS QUE MÁS ME GUSTAN SON LOS QUE RINDEN.»
*SPIDER-MAN*, 2002

demandan, ¡incluyendo a Marvel y Carolco! Al combate general se suma Pathé, vía su filial MGM, que también solicita su parte del pastel. A inicios de 1999, golpe teatral: gracias a un ínfimo error que encontró su abogado en los contratos de 1985, Marvel consigue, por parte de un juez californiano, la restitución de todos los derechos sobre Spider-Man. Y en marzo de 1999, Marvel vende a Sony los derechos exclusivos de la película, aunque bajo su estrecha supervisión. La editorial obtendrá el 5% de los ingresos en salas y se reserva aprobar el guión, el actor protagonista, el realizador, etc.

Estrenada en mayo de 2002, con Tobey Maguire en el papel protagonista, el *Spider-Man* de Sam Raimi se convertirá en el sexto éxito mayor de todos los tiempos en Estados Unidos. La cifra de negocios del merchandising sobrepasa el millón de dólares. Gracias a la película, Marvel sale de su travesía del desierto y Hollywood se abalanza sobre los superhéroes de la firma.

© Photos12.com - Collection Cinéma

# LOS CUATRO FANTÁSTICOS: LA PELÍCULA FANTASMA

**EN 2005 SE ESTRENABA EN LAS PANTALLAS *LOS CUATRO FANTÁSTICOS*, ADAPTACIÓN DE CIEN MILLONES DE DÓLARES, POR LA 20TH CENTURY FOX, DEL *COMIC BOOK* EDITADO POR MARVEL, CREADO EN COLABORACIÓN, EN 1961, POR STAN LEE Y JACK KIRBY. ¡AUNQUE TAMBIÉN SE PUEDE HACER *LOS CUATRO FANTÁSTICOS* POR MENOS DE DOS MILLONES DE DÓLARES!**

Es lo que demostró el legendario productor Roger Corman, con una película dirigida a finales de 1992 por el realizador de videoclips Oley Sassone. Sin embargo, esos *Cuatro Fantásticos* no se han estrenado nunca en cine, ni en vídeo, ni se han emitido jamás en televisión. Oficialmente, ¡silencio!, la película no existe.

¿Qué sucedió? Durante quince años, los derechos cinematográficos de los Fantastic Four los tenía el productor alemán Bernd Eichinger y su empresa Neue Constantin Films. Paralizado por el rompecabezas de los efectos especiales, Eichinger pensaba, sin embargo, en producir la película como fuera, antes que expirara su opción, el 31 de diciembre de 1992. Entonces se alió con Roger Corman, campeón de los bajos presupuestos, para ayudarle a montar inmediatamente aquellos *Cuatro Fantásticos* con unos medios absolutamente precarios. Rodada en veinticinco días, con «cuatro actores y un director que creían de verdad

**Los Cuatro Fantásticos, creados en 1963 por Stan Lee y Jack Kirby.**

**_Los Cuatro Fantásticos_, 2005. De hecho, se trata de la segunda adaptación cinematográfica de los célebres superhéroes. La primera se quedó en un ámbito más que confidencial...**

en el producto» (Stan Lee *dixit*), esta serie Z multiplica el sistema D: ¡los planos de la antorcha humana se realizan con animación!

Horrorizada por el resultado, Marvel llegará finalmente a un acuerdo con Bernd Eichinger para bloquear cualquier explotación comercial del engendro, con vistas a que no hiciera sombra a una futura adaptación de gran presupuesto, que la Fox tenía en cartera. Gran decepción de todo el equipo al saber que su trabajo no serviría para nada. Según las declaraciones, el negativo de esa película fantasma está enmoheciendo en algún lugar, en una caja fuerte de la Fox o Marvel, o incluso lo habría quemado Avi Arad, el gerente de los estudios Marvel. Aunque en la red circulan versiones piratas, y también, bajo mano, en cualquier buena convención de historieta de Estados Unidos.

«LOS CUATRO FANTÁSTICOS SON LA PRIMERA FAMILIA DE SUPERHÉROES DE LA HISTORIA DE LOS CÓMICS. VIVEN JUNTOS, TRABAJAN JUNTOS, EXACTAMENTE COMO UNA FAMILIA NORMAL. ESTE RASGO CARACTERÍSTICO ES LO QUE LOS HA HECHO TAN POPULARES.»
STAN LEE

**_Los Cuatro Fantásticos_ (1994), producida por Roger Corman. Realizada con el único objetivo de que el estudio no perdiera los derechos de los personajes, finalmente la película no se estrenó nunca en las salas.**

# HÉROES: SÍMBOLO DE LA FUSIÓN ENTRE CÓMICS Y TELEVISIÓN

**ADAPTADOS AL CINE CON HABILIDAD, ACTUALMENTE LOS SUPERHÉROES SON OBJETO DE UNA SERIE TELEVISIVA IMPORTANTE, LANZADA EL 25 DE SEPTIEMBRE DE 2006 EN LA CADENA NORTEAMERICANA NBC. CREACIÓN DE TIM KRING (*CROSSING JORDAN*), *HÉROES* SE INSTALA COMO UN CRUCE ENTRE PELÍCULA IRREPROCHABLE, *LOS 4400* Y *WATCHMEN*, LA NOVELA GRÁFICA DE CULTO DE ALAN MOORE (VÉASE CAPÍTULO 8).**

Argumento: de Tokio a Los Ángeles, pasando por Nueva York y Las Vegas, una decena de hombres y mujeres sin vínculos aparentes descubren sus superpoderes (teletransporte, invulnerabilidad, telepatía...). ¿Por qué? ¿De qué manera? ¿Cuál es el esquema que conecta a esas personas entre sí? Sin que sea la adaptación de un cómic, *Héroes* ilustra una tendencia actualmente fuerte de la industria norteamericana del entretenimiento: el intercambio muy frecuente de guionistas entre la televisión y los cómics.

El mismo, Damon Lindelof, cocreador de *Perdidos*, escribe para Marvel la miniserie *Ultimate Hulk*, mientras que Joss Whedon, el papá de *Buffy Cazavampiros*, firma el cómic *Astonishing X-Men*. Y el coproductor y co-

**La nueva serie *Héroes*, emitida a finales de septiembre de 2006 en Estados Unidos.**

«YO NO TENÍA EXPERIENCIA EN EL GÉNERO. NO ESTABA FAMILIARIZADO CON LOS CÓMICS. (...) TODAS LAS CAPACIDADES DE LOS PERSONAJES SON, DE HECHO, UNA EXTENSIÓN DE LO QUE SON Y DE LO QUE HAN HECHO CON SU VIDA.»
TIM KRING

guionista de *Héroes* no es otro que Jeph Loeb, en la actualidad uno de los maestros de la historieta estadounidense, autor de historias para Batman y Superman en DC, y recientemente despedido por Marvel. En televisión, ha participado en las series *Perdidos* y *Smallville*. Según Loeb, la génesis de *Héroes* se concretó en una tarde.

Tim Kring, escasamente familiarizado con el universo de los superhéroes, había entrado en contacto con Loeb, para que le ayudara a construir los cimientos de la serie. Con ocasión de su cita, los dos hombres improvisaron una larga caminata a pie, de más de cinco horas, en el curso de la cual Kring, sin haber escrito ni una sola línea de guión, le expuso a Loeb todas las ideas que tenía. Desde su lanzamiento en la NBC, la serie ha sabido fidelizar una sólida audiencia, entre los 18 y los 49 años (el blanco preferido de los anunciantes) y la cadena ha confirmado una temporada entera, tras el segundo episodio. En España se programa desde el año 2007 en varias televisiones autonómicas.

5

# ESPAÑA Y LOS SUPERHÉROES

## RAFAEL MARÍN

Los superhéroes, como los dioses de la Antigüedad clásica, trascienden fronteras. Son la nueva mitología de nuestro tiempo y encuentran bardos que cantan (o dibujen) sus hazañas en todos los puntos del mapa.

# CARLOS PACHECO: UN ANDALUZ ENTRE SUPERHOMBRES

**CARLOS PACHECO (SAN ROQUE, 1961) FUE COCINERO ANTES QUE FRAILE. DOTADO DE UNA CAPACIDAD CASI SOBRENATURAL PARA EL DIBUJO DESDE MUY PEQUEÑO, SU PASIÓN POR LOS CÓMICS SE TRADUJO PRONTO EN UNA ENTREGA ABSOLUTA HACIA LOS SUPERHÉROES. ESTUDIANTE DE BIOLOGÍA EN SEVILLA EN LOS AÑOS DEL GRAN RESURGIR DE LA HISTORIETA EN ESPAÑA, PACHECO SORPRENDÍA A PROPIOS Y EXTRAÑOS: NO QUERÍA SER SOLAMENTE DIBUJANTE DE CÓMICS. CARLOS QUERÍA DIBUJAR SUPERHÉROES.**

*Fantastic Four*, **miniserie «Flesh & Stone», dibujada por Carlos Pacheco y entintada por Jesús Merino.**

Y eso entonces era un sueño lejano y absolutamente imposible. Por muy bueno que fueras (y Pacheco ya entonces apuntaba maneras), Estados Unidos estaba muy lejos, y las murallas para acceder al olimpo superheroico eran tan altas que no se veían las almenas.

Carlos mandó muestras, pero no le hicieron ningún caso. Volvió a mandarlas, y tampoco. Mientras tanto, fue matando el gusanillo con alguna historieta corta y, sobre todo, ilustrando portadas y pósters para los títulos Marvel que publicaba en España Ediciones Forum.

Justo cuando ya había descartado la posibilidad de abrirse un hueco en el mundo lejano del color a puntitos y se había fabricado, junto con Rafael Marín, un universo superheroico español y propio (Iberia Inc), por fin el golpe de fortuna: En 1992 Marvel UK, la filial inglesa de la editorial americana, lo llama y le ofrece su primera serie para el mercado británico: *Dark Guard,* una serie de cuatro números guionizada por Dan Abnett.

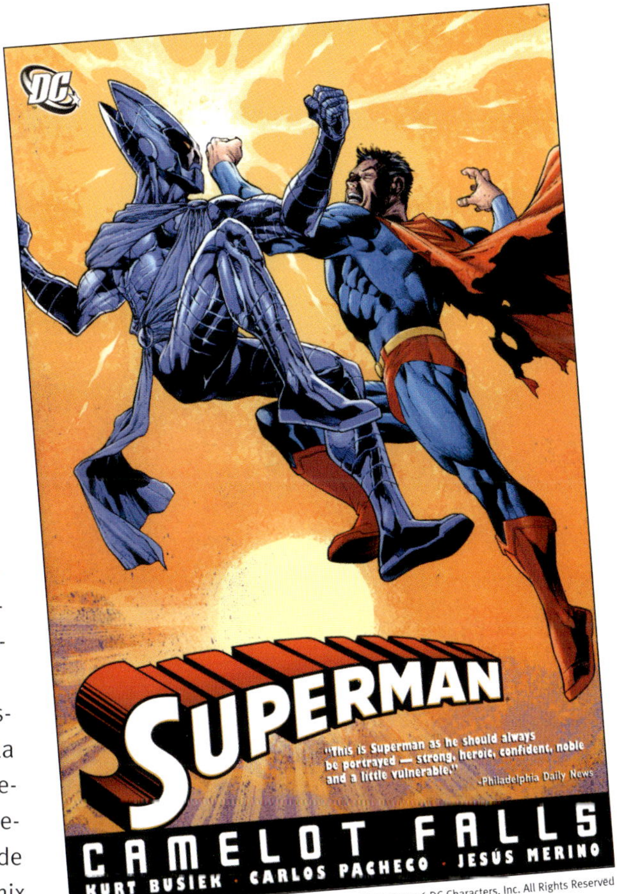



Marvel UK es un espejismo que dura poco tiempo y la editorial cierra cuando apenas lleva un año de vida, interrumpiendo la nueva serie de universos alternativos Remix que Pacheco y Marín habían ideado. Pero sus dibujantes (hay otros autores españoles ya dentro, Salvador Larroca y Pascual Ferry) saltan el charco después de llamar la atención de las todopoderosas editoriales norteamericanas.

Es entonces cuando Carlos Pacheco inicia una imparable trayectoria en Estados Unidos, y acabará creando una carrera brillantísima que habría parecido inimaginable diez años antes.

© Carlos Pacheco/Rafael Marín/Rafa Fonteriz

Carlos entra en Marvel realizando una mini-serie de cuatro números sobre Bishop, uno de los X-Men venidos del futuro. Incansable e inquieto, buscando siempre referentes, Carlos asocia el color del uniforme azul y amarillo de la Patrulla-X con el del Séptimo de Caballería y convierte a Bishop en una especie de Buffalo Bill hipertecnificado.

Tras un breve interludio en DC Comics, donde realiza algunos números de *Flash*, Marvel comprende el filón que tiene entre manos y le ofrece un contrato en exclusiva. A lo largo de los siguientes años, encuadrado dentro de los títulos mutantes, con diversos guionistas y diferentes entintadores, Pacheco realiza *X-Universe*, *Starjammers*, dos números de *Fantastic Four* y los mismos X-Men.

Carlos, sin embargo, siempre ha sido fan de los Vengadores (y Ojo de Halcón su personaje favorito), de ahí que recibiera con alegría el siguiente encargo: una mini-serie de doce números, *Avengers Forever*, con guiones de Kurt Busiek y, por primera vez, con las tintas de otro gaditano, Jesús Merino.

El paso a escribir historias lo da más adelante, y por partida doble. En el año 2000, con Rafael Marín como co-guionista y scripter, realiza la mini-serie *The Inhumans*, que ilustra el mexicano José Ladronn, y durante dos años, siempre con las tintas de Jesús Merino (y más adelante con diálogos de Jeph Loebb), los tres gaditanos se encargan de las andanzas del cuarteto de superhéroes más famoso de todos los tiempos y buque insignia de la Casa de las Ideas: *Fantastic Four.*

Es entonces cuando Carlos pasa a D.C. Comics, lo que le permite seguir jugando con los otros iconos superheroicos de su infancia. Títulos como *JLA/JSA: Virtue and Vice*, *Superman/Batman* y *Green Lantern*.

Con Kurt Busiek, dentro del sello independiente Wildstorm, crea la serie *Arrowsmith*, una fantasía alternativa donde la Primera Guerra Mundial se libra con dragones, ogros y otros seres de magia y que supone un cambio a su trabajo superheroico.

En la actualidad, Pacheco (siempre con las tintas de Merino) ilustra las aventuras de Superman. Otros superhéroes le esperan en el futuro.

Gran especialista en la cultura pop norteamericana, en su trabajo para el mercado yanqui se nota el amor y el respeto hacia los superhéroes y su historia, así como a sus maestros, todos aquellos autores, guionistas y editores que fueron capaces de transmitir eso que Carlos transmite ahora a jóvenes aspirantes del mundo entero: ni más ni menos que la fuerza de los sueños.

# SUPERLÓPEZ: EL SUPERHÉROE DE NUESTRO BARRIO

**ES FÁCIL PARODIAR A LOS SUPERHÉROES: SU PROPIA EXAGERACIÓN VITAL, SUS PODERES MÁS GRANDES QUE LA VIDA, SUS VILLANOS HISTRIÓNICOS Y SUS BATALLAS IRREALES SON UN BLANCO FÁCIL PARA LA SÁTIRA. YA EN LOS AÑOS CINCUENTA, Y EN LA HISTÓRICA REVISTA *MAD*, EL GRAN WALLY WORD PRESENTARÍA LA PARODIA *SUPERDUPERMAN*, Y EN LA PROPIA MARVEL COMICS SE PUBLICARÍA EL TÍTULO *NOT BRAND EECH*, DONDE LOS PROPIOS DIBUJANTES Y GUIONISTAS DE LA CASA SE BURLARÍAN AMABLEMENTE DE LOS TRASCENDENTES PROBLEMAS EXISTENCIALES DE SUS CRIATURAS.**

En España, la parodia de los superhéroes por excelencia se llama *Superlópez,* y como todas las grandes parodias ha llegado a convertirse en un producto incluso más interesante que el blanco de sus bromas.

De los chistes mudos con que el personaje inició su andadura en 1973, y tras permanecer en estado letárgico durante algunos años, Superlópez resurge cuando las historias inevitables de una sola página dan el salto a aventuras más largas donde puede desarrollarse por un lado al personaje como patosa contrarréplica del Superman original norteamericano y por otro como entrañable vecino de este país tan inconfundiblemente nuestro.

Los impecables guiones que Francisco Pérez Navarro presta al personaje y la inclusión del ya histórico Supergrupo (o cómo mezclar sin estridencias la parodia del universo DC con el universo Marvel) convierten de pronto a Superlópez en un tebeo a seguir con atención, dada la jugosa sátira que se hace de los combates, destrucciones, continuarás y contrasentidos de los personajes de uniformes de colorines, y además en un entorno donde es obligado detenerse en los detalles de calles, marquesinas, autobuses y periódicos, porque son los nuestros.

Superlópez, con su peinado a navaja y su bigote precursor de futuros presidentes de gobierno, su uniforme arrugado y sus continuas meteduras de gamba se reconduce a sí mismo cuando, ya en solitario, Jan aparta la serie de la sátira del super-

© Juan López (Jan)

héroe y lo reconduce hacia la ciencia ficción, sin olvidar nunca el desarrollo de los personajes secundarios y cierto rigor en las tramas, a veces no tan conseguidamente humorísticas como antaño. Desde el Señor de los Chupetes a los Cabecicubos, pasando por simpáticos homenajes a Julio Verne, invasiones extraterrestres de todo tipo o las películas de moda, Superlópez ha aguantado el tirón editorial, las infidelidades de los lectores y la evolución (o lo que sea) que ha experimentado España desde aquellos lejanos chistes mudos hasta hoy día.

Como su autor y sus lectores, el propio Superlópez ha ganado en prestancia (hoy unas elegantes canas adornan sus sienes), y las aventuras que en principio fueron simples y luego desatadamente fantásticas reflejan, a veces con cierta amargura no oculta, la actual situación social o la inseguridad auténtica de las calles. Las estufas de butano de hace veintitantos años hoy son pantallas de ordenador, pero la intención sigue siendo la misma.

A destacar el magnífico trazo del dibujo de Jan, el detallismo de sus viñetas y el divertido lenguaje gestual de sus personajes, que respiran en todo momento una personalidad propia. En ciertos aspectos, Superlópez ha llegado a ser más interesante que su modelo, y a la postre el parecido ha llegado a perjudicarlo, más allá de celosos problemas de copyright, cerrando la puerta a lo que, sin la premisa inicial hoy ya superada, podría y debería ser un tebeo popular más allá de nuestras fronteras, un tebeo de aventuras, humor, ciencia ficción, reflejo social y fantasía desbordada hecho con la seriedad y los toques de genialidad justos para ser el último peldaño de la historieta española, ésa que parece que ahora ya no tiene quién le escriba...

# DIBUJANTES ESPAÑOLES EN EL IMPERIO

**EL MUNDO SE HA HECHO PEQUEÑO. EL EFECTO MARIPOSA NO TIENE POR QUÉ SER SIEMPRE UN MAL AUGURIO. LO QUE HACE VEINTICINCO AÑOS PARECÍA IMPOSIBLE ES, DESDE MEDIADOS DE LOS AÑOS NOVENTA, UNA REALIDAD A LA QUE ASPIRA LA MITAD DE LOS JÓVENES DIBUJANTES DE HISTORIETAS QUE TODAVÍA SURGEN EN NUESTRO PAÍS (LA OTRA MITAD, CLARO, SUEÑA CON DIBUJAR MANGAS ALGÚN DÍA).**

El primer dibujante español que prestó sus lápices a los superhéroes fue José Luis García López (1948), quien dio el salto desde la Argentina a la que había emigrado siendo aún muy niño. Dueño de un trazo elegante y preciso, García López recaló en DC Comics, donde ha realizado innumerables *comic books* de *Superman, Action Comics, World's Finest, Atari Force, Cinder and Ashe, Deadman* o *The New Teem Titans*.

Fue también el encargado de dibujar el *cross-over Batman/ Hulk* y los aficionados recuerdan su número especial *Superman/Wonder Woman*, una historia situada en la Segunda Guerra Mundial que

**Salvador Larroca.**

está considerada por los aficionados como una de las mejores de la historia de tan longevos personajes.

El valenciano Salvador Larroca (1964) se fogueó dibujando portadas y pósters para Ediciones Forum. Su paso por Marvel UK le llevó a la realización de un par de títulos de la casa: *Dark Angel* y *Death's Head II*. Ya para el mercado americano realizó unos cuantos números de *Flash* para DC y, en Marvel, dibujó durante tres años las aventuras de *El Motorista Fantasma*. Dibujante eficaz, su velocidad en la entrega lo ha convertido en un indispensable en el mercado americano. Títulos como *Heroes Reborn*, *Fantastic Four* (con guiones de Chris Claremont), *X-Treme X-Men, Uncanny X-Men* y *X-Men,* donde cumplió su sueño de dibujar la franquicia mutante. En la actualidad, Larroca es uno de los dibujantes encargados de *Amazing Spiderman*.

Pascual Ferry (Barcelona, 1961) ya gozaba de cierto renombre como autor de una obra personal y fantástica, no demasiado relacionada con los superhéroes. Sin embargo, el mundillo editorial español, siempre tan rácano, lo lleva a buscar nuevos estilos y nuevas propuestas. Para Marvel UK realiza *Plasmer,* y a partir de 1995 entra en el mercado americano realizando *fills-in* para series como *Daredevil* o *X-Men,* para pasar luego a historias más consolidadas para títulos como *Superboy, Action Comics, Heroes for Hire, Adam Strange* o *Ultimate Fantastic Four.*

Junto a estos dibujantes, no podemos olvidarnos de Javier Pulido, Ramón F. Bachs, Oscar Jiménez, Marcos Marín o Kano.

# SUPERHÉROES MADE IN SPAIN

**EL TEBEO ESPAÑOL, PROLÍFICO EN MIL PERSONAJES AVENTUREROS, APENAS HA EXPLORADO AL SUPERHOMBRE, QUIZÁ POR CONSIDERAR EL CONCEPTO DEMASIADO AMERICANO, O PORQUE EL PERÍODO DE GRACIA DE LOS TEBEOS DE AVENTURAS EN ESPAÑA ES MUY ANTERIOR A LA ECLOSIÓN QUE MARVEL CREA ENTRE LOS LECTORES EN LOS AÑOS SETENTA. NO OLVIDEMOS, ADEMÁS, QUE SUPERMAN (CONOCIDO EN SUS INICIOS EN NUESTRO PAÍS COMO «CICLÓN EL SUPERHOMBRE») ESTUVO PROHIBIDO EN LA ESPAÑA DE FRANCO... ¡POR FASCISTA!**

Ha habido algunos intentos que, sin ser superhéroes, remiten a ellos, al menos en su estética: *El Capitán Misterio,* del gran Emilio Freixas, *Silver Roy,* de Bosch Peñalva, *Kosman el Héroe del Espacio,* de Iranzo, o el mismísimo *Super Pumby,* del gran Sanchís. No es hasta muy tarde, mediados de los años setenta, cuando Victor Mora ofrece las aventuras de *Astromán, el Hombre de Astronita,* un tebeo menor que repite sin demasiada convicción los esquemas de Superman.

Hasta que la «Generación Vértice» (es decir, aquellos que se iniciaron leyendo tebeos de superhéroes en las publicaciones de esa editorial) no puede por fin hacer tebeos no se consolida la creación de superhéroes españoles. Tras algún intento que no llega a cuajar (*American Dream,* donde se presenta al improbable Caballero Plateado),

**Viñetas de *Melkart* y *Lobisome*.**

Carlos Pacheco y Rafael Marín se ponen manos al teléfono y, tras la oferta de crear un superhéroe propio, acaban creando lo que sería luego conocido como Universo Iberia, una amalgama de homenajes tanto a los superhéroes americanos de toda la vida como a los más conocidos y queridos personajes del tebeo de aventuras patrio.

Portada para el n.º 2 de *Iberia Inc.*, por Rafael Fonteriz.

Así, usando la leyenda y la historia, el tebeo y el *comic book*, la España real del momento y también la fantasía típica de este tipo de historietas, en *Iberia INC* y su serie hermana, *Triada Vértice,* se dan cita personajes que beben de las claves colectivas de varias generaciones de lectores de tebeo: Trueno, Lobisome, Dolmen, Aquaviva, Trasnu, Duna, Traka y Melkart suponen una especie de versión española de *Los Vengadores,* con sus contactos gubernamentales (en los tebeos aparecen Aznar y Álvarez Cascos, por ejemplo) y su base secreta en la Isla de la Cartuja sevillana. El grupo de marginados independientes lo forman, siguiendo el típico trío del tebeo apaisado de aventuras, la heroína Estigma, la adolescente Cascabel y el forzudo Mihura.

El Iberiaverso o Universo Iberia también retrocedió en el tiempo y en su background se hacen referencias a personajes como El Capitán Furia y Flechita (donde no es difícil ver el homenaje a Roberto Alcázar y Pedrín), o el Escuadrón Guernica, grupo de superhombres rebeldes al sistema y desaparecidos durante los años setenta. En el grupo de los villanos, la Cofradía del Oscuro Designio liderada por Signo, la vampira psíquica de la jet-set Mácula, el burlón asesino a sueldo Gavilán o el empresario Lince Dorado ofrecían una imagen de España donde se mezclaba la política con el famoseo ya en ciernes.

*Iberia INC* tuvo en Rafael Fonteriz a su dibujante, mientras que *Triada Vértice* cayó en poder de Jesús Merino. Estas dos series demostraron que los superhéroes podían existir en España sin tener que ser únicamente una parodia.

6

# LOS SUPERHÉROES Y LA POLÍTICA

Con Comics Code o sin él, los superhéroes saben que pueden tener un buen papel en los grandes acontecimientos del siglo XX... De ese modo, el Capitán América se convierte en el encarnizado enemigo de Hitler, y Thor, el dios del trueno, efectúa algunas incursiones en Vietnam.

Drogas, racismo, homosexualidad..., al final, escasos son los temas sociales que no toca la oleada de los *comic books*.

# SPIDER-MAN CONTRA LA DROGA... Y EL COMICS CODE

**A FINALES DE LOS AÑOS SESENTA, ENTRE LA REBELIÓN DE LOS CAMPUS Y LAS MANIFESTACIONES CONTRA LA GUERRA DE VIETNAM, LOS ESTADOUNIDENSES MENORES DE VEINTICINCO AÑOS SE ENFRENTAN, CADA VEZ MÁS, A LAS AUTORIDADES. LOS CÓMICS, EN LA CIMA DEL ÉXITO, SON UNA HERRAMIENTA DE COMUNICACIÓN PRIVILEGIADA CON DICHA JUVENTUD EXALTADA.**

Es lo que entendió perfectamente la administración Nixon que, en 1971, vía el departamento de Estado para la Salud y la Educación, solicitará directamente al redactor jefe de Marvel, Stan Lee, para sensibilizar a sus lectores sobre los peligros de la droga. Lee se pone manos a la obra y escribe, para los números 96, 97 y 98 de *Amazing Spider-Man* (mayo, junio y julio de 1971, publicados en Francia en 1977, en *Strange* 93 y 94), un arco en tres partes, con el objetivo de denunciar sin *pathos* los estragos de los estupefacientes, por otra parte nunca claramente identificados en la historia («yo no sabía gran cosa de las drogas», se defenderá Stan Lee).

En el primer episodio, la Araña atrapa *in extremis* a un joven negro «totalmente colocado», que se tira de lo alto de un edificio, convencido de poder volar. En el segundo, el blanco y más acomodado Harry Osborn, el depresivo compañero de piso de Peter Parker, sufre una sobredosis de

**Los números 96, 97 y 98 de *The Amazing Spider-Man* se liberan de la Comics Code Authority, lo que lleva a la institución a revisar sus cimientos.**

píldoras sospechosas. Y en el tercero, Peter, sin su vestido de Spider-Man, propina una severa paliza al camello de Harry y a sus secuaces.

Aunque, para consternación de Stan Lee, la Comics Code Authority, el comité de autocensura de los cómics, rechaza las historias: en una publicación juvenil no es posible hablar abiertamente de drogas, ¡incluso para decir que son perniciosas! Con el acuerdo de su jefe Martin Goodman, Lee decide, a pesar de todo, publicar las historias, obviando el famoso sello «Aprobado por la CCA», por primera vez desde la instauración del Código en 1954. *Best sellers*, los tres episodios supusieron para Marvel una gran exposición mediática (el *New York Times* comentó ampliamente la iniciativa audaz de Lee)... y llevaron a la CCA a revisar sus principios ridículamente anticuados.

CON LA PUBLICACIÓN DE UNA INTRIGA QUE PRESENTA LA DROGA BAJO UNA LUZ NEGATIVA E INQUIETANTE, EN *AMAZING SPIDER-MAN*, NÚMEROS 96 AL 98, MARVEL ROMPE LOS CÓDIGOS.

# CAPITÁN AMÉRICA: «NUESTRA RESPUESTA A HITLER»

**STEVE ROGERS ES UN JOVEN NEOYORQUINO, HUÉRFANO Y ENDEBLE, HORRORIZADO POR LA ASCENSIÓN DEL NAZISMO Y DECIDIDO A ENROLARSE EN EL EJÉRCITO. SELECCIONADO POR UN PROGRAMA EXPERIMENTAL TOP SECRET (LA OPERACIÓN RENACIMIENTO), SE LE TRANSFORMARÁ, MEDIANTE LA INYECCIÓN DE UN SUERO ESPECIAL, EN UN SUPERSOLDADO RÁPIDAMENTE DESTINADO AL FRENTE: EL CAPITÁN AMÉRICA.**

Inventado por Joe Simon y dibujado por Jack Kirby, el más emblemático de los superhéroes antinazis hizo su primera aparición en marzo de 1941. En la portada «Cap» se enfrenta a las balas de los oficiales nazis con su famoso escudo estrellado, para arrearle un tortazo al propio Hitler. Cuando aún faltaba más de un año para que Estados Unidos entrara en guerra, los cómics tocan a rebato.

De origen judío, al igual que Kirby y muchos otros autores y editores de cómics, a Simon le ulceran las invasiones nazis. Capitán América es el medio que emplea para infamar la peste parda, al mismo tiempo que un potencial premio gordo: «En Europa, los nazis iban para arriba.

**El n.º 1 de la revista dedicada al Capitán América ya da el tono: ¿su gran enemigo? El *mismo* Hitler.**

**Capitán América, encarnación de los Estados Unidos de Roosevelt.**

La idea evidente me vino entonces: he ahí el villano por excelencia, Adolf Hitler era auténtico, (...) odiado por medio mundo. Bastaba con encontrar un héroe disfrazado que le plantara cara».

Creado en una noche por Simon, Capitán América será el triunfo más grande de Timely Comics: casi un millón de ejemplares vendidos al mes. Simboliza la era patriótica de los cómics, enviados en masa a las tropas del Viejo Continente durante la guerra, y cuyas ventas van a crecer más del doble entre principios de 1942 y finales de 1943.

Capitán América supuso a sus autores una gran cantidad de cartas antisemitas y amenazas de muerte por parte de algunos pronazis. Pero el propio alcalde de Nueva York, Fiorello LaGuardia, gran fan de los cómics, los convocó para asegurarles que «¡la ciudad velará para que no [les] suceda nada!». Sin enemigo después de 1945, Capitán América verá cómo se reduce su popularidad, hasta que el título acabará suprimiéndose en 1949. Aunque el personaje renacerá en 1964, en el seno del equipo de los Vengadores.

ES EL PRIMER ESTADOUNIDENSE QUE ENTRÓ EN GUERRA, DOS AÑOS ANTES DE PEARL HARBOR. MÁS QUE UN SUPERHÉROE, CAPITÁN AMÉRICA ES, ANTE TODO, UN SUPERSOLDADO.

# LA PANTERA NEGRA: EL PRIMER AUTÉNTICO HÉROE NEGRO

**A IMAGEN DE LA SOCIEDAD, DE LA QUE SON REFLEJO, LOS CÓMICS EVOLUCIONAN. HASTA LOS AÑOS SESENTA, LOS NEGROS ESTUVIERON MARGINADOS A PAPELES DE AYUDANTES DE LOS HÉROES (COMO EL LOTHAR DE MANDRAKE), O DE SEGUNDOS ESPADAS MÁS O MENOS CARICATURESCOS.**

En julio de 1966, tres años después del «I Have a dream» de Luther King y un año después de los disturbios de Watts, Stan Lee y Jack Kirby presentan, en el número 52 de los *Cuatro Fantásticos*, el personaje de Black Panther, el primer superhéroe negro auténtico. Estado civil: T'challa, príncipe heredero de Wakanda, un pequeño estado africano, muy avanzado tecnológicamente y provisto del único depósito en el mundo de un metal de origen extraterrestre: el vibranium. Licenciado en físicas, T'challa realizó los estudios en Occidente, antes de regresar a África, para suceder en el trono a su asesinado padre. Sus sentidos y aptitudes físicas se han decuplicado en el curso de la ceremonia de entronización, en la que se le entrega la hierba sagrada en forma de corazón que, generación tras generación, confiere el poder a los monarcas de Wakanda.

El vestido de Black Panther es, de hecho, una vestimenta tradicio-

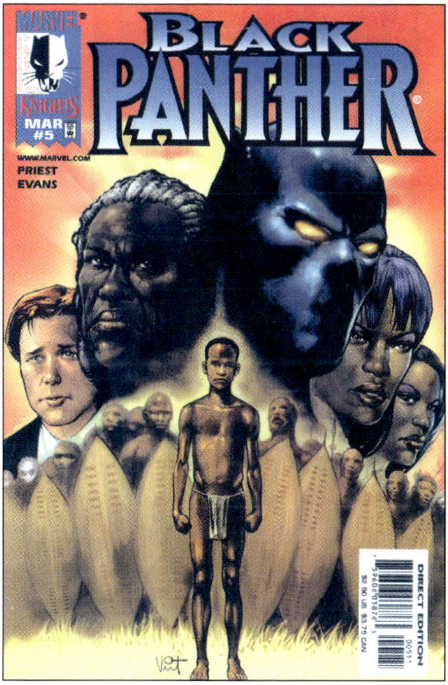



nal, hecha de vibranium, y que han llevado una larga estirpe de reyes. Soberano iluminado, dedicado a su pueblo, T'challa representa a su país en las Naciones Unidas y, durante una temporada, formará parte del equipo de los Vengadores. Cuando en octubre de 1966, la organización radical de los Panteras Negras nace oficialmente, Stan Lee rebautizará al héroe como «Leopardo Negro» para evitar cualquier analogía, antes de volver al nombre original.

Desde 2005, Marvel relanzó con éxito la revista *Black Panther*, con guión del cineasta Reginald Hudlin y dibujos de John Romita, Jr. Algunos superhéroes negros más marcarán el universo de los cómics: el afroamericano Luke Cage (el primero en tener revista propia en 1972), Blade (1973), Tornado de los *X-Men* (1975) y también Spawn (1992), mascarón de proa de la compañía Image.

HACIENDO DE LA PANTERA NEGRA UN AFRICANO AUTÉNTICO, CUYO REINO ESTÁ A LA VANGUARDIA DE LA CIENCIA, STAN LEE Y JACK KIRBY VUELVEN A INNOVAR.

# THOR CONTRA LOS COMUNISTAS

**CUANDO CASI TODOS LOS SUPERHÉROES DE LA ÉPOCA PARTICIPARON EN LA LUCHA CONTRA EL NAZISMO, ALGUNOS INTENTARON CORTAR EL PELIGRO ROJO EN COREA. O AÚN PEOR, EN VIETNAM, UNA GUERRA ESPECIALMENTE ODIADA POR LA JOVEN CLIENTELA DE LOS CÓMICS.**

Derrotar a Hitler era sin disputa una «guerra buena», luchar contra el comunismo en Asia suscitaba más dudas. Entre los superpatriotas: Captain Marvel, Jr. (Fawcett) que, en 1952, operaba en Corea para ayudar a los cascos azules a vencer al «Mad Mongol Monster» o, de regreso a Estados Unidos, se pegaba con una espía comunista llamada Vampira.

En 1967, en el indiscutiblemente cretino Super Boina Verde (Lightning Comics), el joven Tod Holton se transformaba en supersoldado, cuando se ponía una boina mágica, heredada de su tío. Creado en marzo de 1963 en el n.º 39 de *Tales of Suspense* (Marvel), Iron Man es un superhéroe literalmente nacido en Vietnam que, ya en su primera aventura, arrasa una base militar entera del Vietcong (véase capítulo 7).

El superhéroe de Marvel, Thor, comprometido una temporada en el conflicto vietnamita.

EN LOS AÑOS SESENTA, LOS JÓVENES ESTADOUNIDENSES PROTESTAN CONTRA LA INTERVENCIÓN ESTADOUNIDENSE EN VIETNAM. NUESTROS SUPERHÉROES SÓLO EFECTUARÁN RÁPIDOS ESCARCEOS POR ALLÍ.

Aunque la más improbable de las incursiones de un héroe Marvel en el conflicto vietnamita será la del poderoso Thor, dios del trueno, creado en agosto de 1961 por Stan Lee y Jack Kirby, basado en un personaje de la mitología nórdica. En junio de 1965, en el número 117 de *Journey into Mistery*, Thor, conducido por su célebre martillo Mjolnir, vuela en apoyo de los campesinos vietnamitas en su combate contra los comunistas. Tras salvar a una familia vietnamita, se compromete a regresar y «¡hacer que el martillo de Thor se oiga en cada pueblo, cada casa, y en cada corazón de este torturado país!».

Y Thor no volvió nunca a Vietnam. Si hasta los mismos dioses no hacen honor a la palabra dada, francamente, ¿adónde vamos?

# 6 Los superhéroes y la política

# 11 de septiembre: la impotencia de Spider-Man

**«SEÑOR»... INCLINADO SOBRE UNA CORNISA, FRENTE A LAS RUINAS AÚN ENROJECIDAS DE LAS TWIN TOWERS, CON LOS PUÑOS APRETADOS CONTRA LA CABEZA, SPIDER-MAN SE DERRUMBA POR SU PROPIA IMPOTENCIA.**

«¿Dónde estabas? ¿Cómo has podido dejar que sucediera tal desgracia?», le gritan, en la página siguiente, transeúntes que escapan del diluvio de cristal y hormigón. Aturdido, al igual que sus demás colegas Daredevil, Los Cuatro Fantásticos, Capitán América, o incluso los X-Men, Spider-Man se une con ellos para colaborar con los servicios de rescate. Incluso algunos supervillanos, como el doctor Octopus, Magneto o El Caíd se han quedado petrificados. El doctor Fatalis, enemigo número uno de los Cuatro Fantásticos, vierte una lágrima a través de su armadura...

Elegíaco y conmovedor homenaje de la editorial Marvel al heroísmo de una nación para unos, iniciativa desplazada y fuera de contexto para otros: el ultramediatizado número 36 de *Amazing Spider-Man* (2.ª generación), fechado en diciembre de 2001, crea división de opiniones. Para Marvel, en todo caso parecía obvio interrumpir, en caliente, durante un

> «¡A SPIDER-MAN NI TOCARLO!» QUIEN ATACA A UN NEOYORQUINO, ATACA A TODOS»
> *SPIDER-MAN*, 2002

El n.º 36 de *Amazing Spider-Man*, en diciembre de 2001, se inclina sobre el traumatismo provocado por los atentados del 11 de septiembre. Si algunas voces denunciaron la recuperación de un drama aún reciente y se rasgaron las vestiduras, el dibujante John Romita, Jr., lo ve como un homenaje que se rinde a las víctimas y a los bomberos neoyorquinos.

episodio, el curso normal de las aventuras del más neoyorquino de los superhéroes con una historia dedicada a la tragedia.

Con una portada absolutamente negra, ese número de réquiem escrito por Joseph Michael Straczynski lo concibió, desde el dolor, el dibujante John Romita, Jr.: «Durante el mes en que lo dibujé, he tenido mucho insomnio y pesadillas. En todo mi despacho tenía colgadas fotos del siniestro, hacía falta que fuera de una precisión perfecta, hasta en la descripción de los escombros». Y al artista, natural de Nueva York, se le puede comparar con la experiencia de la escena del lavado de cerebro de *La naranja mecánica*, en que los médicos atiborran al joven delincuente Alex con imágenes insoportables, para que la violencia le resulte desagradable.

Al final, Romita ha ofrecido en ese número excepcional algunas de las planchas más hermosas de toda su carrera.

# NORTH STAR: «¡SOY GAY!»

**INICIALMENTE APARECIDO EN UNA AVENTURA DE LOS X-MEN EN 1979, ALPHA FLIGHT ES UN EQUIPO DE SUPERHÉROES CANADIENSES QUE OBTUVO SU PROPIA PUBLICACIÓN A PARTIR DE 1983, ENTERAMENTE CONCEBIDA POR JOHN BYRNE.**

En el seno de ella, el mutante North Star, dotado, al igual que su hermana gemela Aurora, con la facultad de propulsarse en el aire y sobre el terreno a una velocidad supersónica. Con el fin de dar un poco más de relieve al grupo, Byrne decidió que North Star fuera un superhéroe gay, aunque a inicios de los años ochenta, la homosexualidad aún es tabú en los cómics. Ni hablar de un héroe al que le gusten los muchachos, fue la consigna del redactor jefe de Marvel, Jim Shooter.

Byrne se contentará con deslizar, aquí y allá, algunos indicios implícitos sobre la sexualidad de North Star, pero ¡silencio! En 1992, las mentalidades han evolucionado algo y Marvel, por oportunismo comercial o por audacia real (seguramente un poco de las dos cosas), se atreverá al primer *coming out* (salida del armario) de un superhéroe habitual de la historia de los cómics. «North Star como no lo habías visto nunca», promete la portada del número 106 de *Alpha Flight*, fechado en marzo de 1992 y con guión de Scott Lobdell.

«Soy gay», confiesa North Star a los periodistas, tras haber luchado

contra un ex superhéroe, colérico por la indiferencia de la sociedad ante la muerte de su hijo gay, a causa del sida. Las ventas de AF, serie de éxito modesto, ascenderán temporalmente y el *coming out* de North Star abrirá un debate de envergadura nacional en Estados Unidos sobre la presencia (o más bien la ausencia) de los gays en los cómics.

Después, otras historias no dudarán en utilizar la sexualidad del personaje como recurso de guión. En 2002, cuando North Star figura en el equipo de los X-Men, se enamorará de Iceberg, otro integrante del grupo. Para los curiosos: la asociación en la red Gay League (www.gayleague.com) ha recopilado todos los personajes de cómics conocidos hasta ahora que son o hayan sido gays, bi o transexuales.

> «HABÍA LEÍDO UN ARTÍCULO DE *SCIENTIFIC AMERICAN* A PROPÓSITO DE LO QUE, PARA LA ÉPOCA, PODÍA HACER QUE UNO FUERA HOMOSEXUAL, Y TENDÍA A MOSTRAR CAUSAS GENÉTICAS Y NO SOLAMENTE AMBIENTALES. ENTONCES PENSÉ QUE YA ERA HORA DE HACER UN SUPERHÉROE GAY.»
> JOHN BYRNE

# GREEN LANTERN: ¡DEL COSMOS A LA TOXICOMANÍA!

**APARECIDA EN 1940, SUPRIMIDA EN 1949 Y LUEGO RELANZADA EN 1959 EN UNA VERSIÓN CORREGIDA Y REVISADA, *GREEN LANTERN*, EN SU ORIGEN, ES UNA HISTORIETA DE CIENCIA FICCIÓN MUY CLÁSICA. SU HÉROE, EL PILOTO DE PRUEBAS HAL JORDAN, RECIBE DE UN EXTRATERRESTRE MORIBUNDO UN ANILLO MÁGICO: EL DE LOS GREEN LANTERNS, UN CUERPO DE SOLDADOS INTERPLANETARIOS ENCARGADOS DE MANTENER LA PAZ EN EL UNIVERSO.**

Por cada Green Lantern un sector de patrulla. Muy de ciencia ficción, la serie se convierte en anticuada a finales de los años sesenta, cuando los lectores prefieren historias más ancladas en la vida cotidiana. Así pues, en 1970, el tono cambia de forma radical bajo el mando del tándem Denny O'Neil (guión)/Neal Adams (dibujo). Licenciado en literatura y filosofía, a O'Neil le fascina el «nuevo periodismo» de los novelistas Norman Mailer y Tom Wolfe. Sin establecer comparaciones odiosas, O'Neil intentará aplicar a Green Lantern la mirada contestataria y documentada sobre la sociedad norteamericana de los citados escritores.

Green Lantern regresa a la Tierra y se asocia con el superarquero Green Arrow, alias del ex playboy Oliver Queen. Tras perder su fortuna, este último se ha convertido en izquierdista convencido, que revelará a Jordan las plagas sociales de unos Estados Unidos que los dos hom-

***Green Lantern*, n.° 31, 1948.**

bres recorrerán. En *Green Lantern/Green Arrow* n.º 76, primer número de esa nueva fórmula, Hal Jordan salva a un ejecutivo de una multitud encolerizada. Entonces Green Arrow toma partido por los agresores, y le recuerda a Jordan que la víctima es el propietario sin escrúpulos de los cuchitriles de la zona. En el número 85 (aparecido después del tríptico de Spider-Man sobre la droga), Green Arrow descubre que su joven acólito Speedy se chuta con heroína, ¡con una jeringa en portada incluso! Un episodio admirable que le supondrá a Marvel una carta de felicitación por parte del alcalde de Nueva York.

Y a la serie aprovechar otros temas candentes (racismo, contaminación, persecución de los indios, etc.). Aplaudida desde el *New York Times* hasta el *Newsweek*, la experiencia, tal vez demasiado radical, acabará en fracaso y DC cerrará el paréntesis social de Green Lantern en 1972.

*GREEN LANTERN, UN ROBÍN DE LOS BOSQUES DE LA MODERNIDAD...*

7

# LOS ORÍGENES DE...

En un principio, Superman encarnaba a un malvado; Hulk era gris; Iron Man, un anticomunista feroz; Batman tenía alas, y Wonder Woman era una princesa amazona. Al capricho de la actualidad y de los dibujantes y guionistas que se han sucedido para relatar las aventuras de nuestros superhéroes, estos últimos se han modernizado, hasta el punto de que, a veces, se olvidan sus vacilantes primeros pasos...

7 Los orígenes de...

# SPIDER-MAN: EL ÍDOLO JUVENIL

**A PRINCIPIOS DE 1962, STAN LEE PROPUSO A SU JEFE DE ATLAS COMICS, EL EDITOR MARTIN GOODMAN, UN SUPERHÉROE «DOTADO DE ALGO DE FUERZA SOBREHUMANA, AUNQUE SU PRINCIPAL PODER SERÍA EL DE PEGARSE A LAS PAREDES».**

**Primera aparición de Spider-Man, *Amazing Fantasy* n.º 15, agosto de 1962.**
**El superhéroe, desgarrado entre el deber y la vida privada, es el mayor éxito de Marvel.**

Lee precisa a Goodman que la idea se le ocurrió al ver una mosca o una araña pasearse por la pared de su despacho («¡Ya no me acuerdo si fue cierto, pero en la época, pensé que aquello haría incrementar mis ingresos!»). De joven, a Lee le había marcado una revista pulp publicada en los años treinta: *The Spider*, la historia de un detective/justiciero que marcaba la frente de sus enemigos con un sello que tenía una araña grabada. ¡Spider-Man! He ahí un nombre más sonoro que «Fly man» o «Mosquito man»...

Para seducir mejor a los jóvenes lectores, Spider-Man sería un adolescente huérfano, Peter Parker, criado por sus tíos, y lleno de problemas cotidianos (dinero,

«PETER, ESTÁS A PUNTO DE CAMBIAR. [...] LO SÉ, PORQUE YO PASÉ POR LO MISMO, CUANDO TENÍA TU EDAD.»
TÍO BEN, *SPIDER-MAN*, 2002

acné, novatadas, perdedor sentimental, etc.). Goodman rechazó el concepto: los adolescentes acostumbraban a ser los compañeros del héroe principal (Robin en *Batman*...); un héroe nunca tiene preocupaciones personales, y Spider Man es un nombre repugnante («¡La gente detesta las arañas, Stan!»). Lee insiste: probará su idea en las páginas de *Amazing Fantasy*, una revista de Atlas con problemas, destinada a desaparecer tras el número 15.

El dibujante, después de un intento poco concluyente de Jack Kirby, será Steve Ditko. Spider-Man nacerá en agosto de 1962 en *Amazing Fantasy* número 15, en la que saldrá en portada (dibujada por Kirby). Tres meses más tarde, cuando a Martin Goodman le llegan finalmente los resultados de ventas, le dirá a Lee: «Stan, ¿te acuerdas de tu Spider-Man que me gustaba tanto? ¿Y si hiciéramos una serie?». *Amazing Spider-Man* número 1 aparecerá en marzo de 1963 y se convertirá en el más vendido de Atlas, rebautizada Marvel en mayo.

LOS ORÍGENES DE...

# LOS X-MEN: EL HUMANISMO MARCA MARVEL

**DESPUÉS DE LOS CUATRO FANTÁSTICOS, MARVEL ENCADENÓ LA PUBLICACIÓN DE UNA RETAHÍLA DE SUPERHÉROES SOLITARIOS (HULK, THOR, SPIDER-MAN, IRON MAN, NICK FURY, DR. STRANGE). ERA EL MOMENTO DE CREAR UN EQUIPO DE NUEVO, QUE ESTA VEZ ESTARÍA COMPUESTO POR ADOLESCENTES.**

Después de los rayos cósmicos de los Cuatro Fantásticos, los rayos gamma de Hulk o la araña radiactiva de Spider-Man, ¿qué coartada «científica» se aplicaría a los poderes de los recién llegados? ¡Ningún problema! Los X-Men serán mutantes, a causa de «accidentes genéticos» nacidos con sus poderes. («¡Así, no había necesidad de explicaciones y podía crear tantos como quisiera!», *dixit* Stan Lee.)

El título de «Los Mutantes» se le propuso a Martin Goodman, a quien le gustó el concepto, aunque detestó el nombre. Lee los rebautizó X-Men, una alusión a sus poderes «extra-ordinarios» y al nombre de su mentor, Charles Xavier.

En septiembre de 1963, Marvel publicó el primer número, firmado por Stan Lee y Jack Kirby. Convocados por el profesor Xavier, un poderoso telépata, los X-Men son, pues, un equipo de cinco jóvenes mutantes: Cyclope, Angel, la Fiera, Iceberg y Strange Girl, a menudo temidos y rechazados por los hombres, a causa de su diferencia. También en este caso, la lucha, en el mismo momento, de los afroamericanos en pro

«¡EL FENÓMENO X-MEN, UNA PELÍCULA X PARA TODOS LOS PÚBLICOS!»
ESLOGAN DE LA PELÍCULA *X-MEN*

Cinco jóvenes mutantes aparecidos en 1963. A medida que la historia avanza, surgirán nuevos mutantes.

de la defensa de sus derechos civiles ha influido mucho a Stan Lee. De éxito mediano, la primera generación de los X-Men se interrumpirá en 1969.

En 1975, el tándem Chris Claremont/Dave Cockrum relanza la cabecera con nuevos integrantes y una idea muy potente: hacer de los X-Men el primer equipo de inmigrados, que simboliza el *melting pot* estadounidense (Tornado procede de África, Diablo es alemán, el ungulado Wolverine, canadiense, Colossus ruso, el Aullador, irlandés...). La serie explotará en 1978 con la llegada del genial dibujante John Byrne. Hasta su salida en 1981, Claremont y él, en ósmosis perfecta, conducirán a los X-Men hacia cimas creativas y comerciales, que no menudearán después, con la culminación en la inolvidable saga del Fénix negro. Su trabajo ha inspirado enormemente a las películas realizadas en cine.

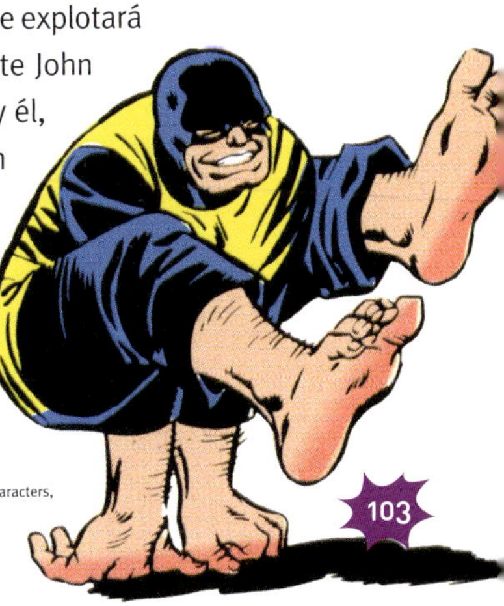

7

LOS ORÍGENES DE...

# IRON MAN: ALCOHÓLICO DE CORAZÓN FRÁGIL

**DESPUÉS DE LA CREACIÓN DE LOS CUATRO FANTÁSTICOS, LOS CIENTOS DE CARTAS DITIRÁMBICAS QUE RECIBE EN LOS PEQUEÑOS LOCALES NEOYORQUINOS DE MARVEL, EN EL 655 DE LA MADISON AVENUE, RECONFORTAN A STAN LEE, EN RELACIÓN A SU ENFOQUE «REALISTA» DE LOS SUPERHÉROES.**

El redactor jefe de Marvel decide entonces intensificar la explotación del filón. Mientras que en 1962 *The Incredible Hulk* sustituye a la revista *Teen-Age Romance*, las cabeceras *Tales to Astonish* y *Tales of Suspense* (hasta el momento dedicadas a los monstruos y la ciencia ficción), acogen desde entonces, respectivamente, las aventuras de Ant-Man (septiembre 1962) e... Iron Man (marzo 1963).

Stan Lee y el dibujante Don Heck sitúan los orígenes de este último en Vietnam donde, en aquella época, la intervención estadounidense todavía se limita a aconsejar militarmente al régimen del Sur. De este modo, el millonario vendedor de armas Tony Stark viaja allí para observar la eficacia de uno de sus inventos. ¡Bum! Una mina enemiga lo hiere de gravedad en el corazón y a Stark lo captura un señor de la guerra comunista, que lo secuestra en un laboratorio con un viejo sabio vietnamita. A Tony se le ordena que construya un arma especial para la guerrilla. En vez de ello, los dos hombres fabricarán una armadura superpoderosa, que le permite a Stark escaparse y sobrevivir a los estallidos de los obuses que se clavan cerca de su corazón. ¡Ha nacido Iron Man!

**El primer aspecto de Iron Man, que fue rápidamente abandonado.**

Más tarde, los autores convertirán a Stark en un *golden boy* con pies de barro, permanentemente amenazado por su propio corazón y un alcoholismo patológico. Asimismo, Iron Man es el héroe más político de la escudería Marvel. Anticomunista y progubernamental en sus inicios, cambiará de chaqueta en los setenta, con Stark que lanza un dardo contra la venta de armas, tras haber tomado conciencia de su responsabilidad en la muerte de inocentes. Más recientemente, la saga altamente metafórica «Civil War» ha resituado a «cabeza de hierro» como brazo armado de una administración estadounidense decidida a fichar a los superhéroes. Finalmente, en enero de 2007 se inició el rodaje de *Iron Man*, bajo la dirección de Jon Favreau, cuyo estreno está previsto en mayo de 2008.

1

LOS ORÍGENES DE...

# HULK: VERDE Y ORGULLOSO DE SERLO

**HULK FUE EL SEGUNDO SUPERHÉROE MARVEL CREADO POR STAN LEE Y JACK KIRBY, INMEDIATAMENTE DESPUÉS DE LOS CUATROS FANTÁSTICOS Y SIGUIENDO LAS HUELLAS DE ÉSTOS. EL DUEÑO DE MARVEL, MARTIN GOODMAN, DESEABA QUE LEE CREARA UN NUEVO EQUIPO DE SUPERHÉROES, PERO EN AQUEL MES DE MAYO DE 1962 STAN LEE TENÍA OTRA COSA EN MENTE.**

La popularidad de La Cosa en los Cuatro Fantásticos (es el que recibe más cartas), lo reforzó en su convicción de que el público albergaba una simpatía natural por los monstruos. Influido, a la vez, por las películas de *Frankenstein* y el *Dr. Jekyll y Mister Hyde* de Stevenson, Stan Lee concibe entonces una historia alrededor de un científico, el doctor Bruce Banner, que se transformaría episódicamente en criatura, tras una exposición accidental a unos rayos... Sí, pero ¿cuáles? Como que los «rayos cósmicos» ya los utilizaron antes los Cuatro Fantásticos, para Banner Lee escogerá los rayos gamma («No tenía ni idea de qué eran, pero sonaba bien»).

**Primera aparición del gigante verde... aún de color gris.**

Quedaba por encontrar lo más importante: el nombre del monstruo. Lee quería un apodo intimidante que sugiriese un bulto grande. Hojeando el diccionario *Thesaurus* (un nombre, por otra parte, que Lee consideró brevemente para el personaje...), Lee encontró de repente la palabra clave: «hulking», adjetivo sinónimo

La exitosa serie
**_El increíble Hulk_**
**(1978-1982).**

«SEÑOR MCGEE, NO ME IRRITE. LO LAMENTARÍA.»
DR. DAVID BANNER, HULK

de enorme o masivo, en inglés. Abreviado a «Hulk», el término sonaba adecuadamente.

Confiado al dibujante estrella de Marvel, Jack Kirby, Hulk será inicialmente gris... un color muy poco agradecido para la impresión. Para el segundo episodio, el impresor sugerirá entonces a Marvel colorear a Hulk de verde. En 1978, cuando creó la serie televisiva *El increíble Hulk*, el productor Kenneth Johnson deseaba que el monstruo fuera rojo, según él, un color más lógico para simbolizar la rabia. Marvel, en tanto que coproductora, lo rechazó categóricamente. Después de la controvertida película de Ang Lee de 2003, se espera un nuevo *Hulk* en cine para 2008, a cargo del francés Louis Leterrier (*Danny the Dog*).

**Publicado directamente en su propia revista, al principio Hulk es de color gris. Aunque ante el mal resultado impreso, rápidamente se decide que sea verde, un color más fácil de reproducir en las imprentas de la época.**

# SUPERMAN: Y EL SUPERHÉROE SE HIZO

**UNA HISTORIA DE AMISTAD DIO NACIMIENTO AL MÁS CÉLEBRE DE TODOS LOS SUPERHÉROES. EN 1931, JERRY SIEGEL Y JOE SHUSTER, DE DIECISIETE AÑOS, ALUMNOS DEL INSTITUTO GLENVILLE DE CLEVELAND SIMPATIZAN GRACIAS A SU PASIÓN COMÚN POR LA CIENCIA FICCIÓN, LAS *COMIC STRIPS* Y EL CINE DE CAPA Y ESPADA, SOBRE TODO LAS PELÍCULAS MUDAS DE DOUGLAS FAIRBANKS.**

Muy pronto, Shuster (dibujo) y Siegel (guión) producen historias humorísticas cortas para el *Glenville Torch*, el semanario de su instituto. Aunque la imaginación de esos adolescentes con gafas, poco deportivos y tímidos con las chicas se inclina más por los sueños de superhombres. En octubre de 1932, crean su pequeña revista propia, *Science Fiction*, en la que publicarán, en enero de 1933, una aventura titulada «The Reign of Super-Man». Este primer «Superman» es un sin techo que un sabio loco transformó en supertelépata y que, además, ¡es un malvado! Aquel mismo año, *Science Fiction* desaparecía. Entonces el tándem se dirige a Consolidated, una editorial de Chicago, para proponerle un segundo Superman, héroe esta vez, aunque muy alejado del que todos conocemos. Consolidated quebró antes que ese Superman pudiera ver la luz.

La tercera versión será la buena. Todo se pone en orden, una noche de

Esta portada de 1933, firmada por Jerry Siegel y Joe Shuster, es una de las primeras representaciones del futuro Superman.

Clark Kent revela su verdadera identidad a Lois Lane.

1934, en el espíritu de Jerry Siegel, que se encamina a casa de Shuster a la mañana siguiente. Durante el efervescente *brainstorming*, Shuster esboza los primeros croquis. Aquel día los dos amigos mezclan los héroes de su cultura, de Sansón y Hércules hasta Tarzán, El Zorro (por la doble identidad), Doc Savage (cuya piel de bronce es a prueba de balas) e incluso Flash Gordon. Sin olvidar a Popeye, cuyas proezas sobrehumanas impresionaban a Siegel.

«SUPERMAN NO NECESITA ABROCHARSE EL CINTURÓN DE SEGURIDAD.»
MUHAMMAD ALI

Así pues, Superman será un extraterrestre, al que su padre enviará a la Tierra, a bordo de un cohete, con el fin de escapar a la explosión de su planeta Krypton. La dimensión mesiánica de este salvador caído del cielo será completamente involuntaria: «Sólo pensamos que era una idea muy buena», le dirán más tarde a Les Daniels, gran especialista de los cómics.

LOS ORÍGENES DE...

# BATMAN: EL «CIUDADANO KANE DE LOS CÓMICS»

**APARECIDO BAJO FORMA DE UNA AVENTURA DE SEIS PÁGINAS EN *DETECTIVE COMICS* N.° 27, FECHADO EN MAYO DE 1939, BATMAN NACE DE UN ENCARGO, EL QUE HACE VIN SULLIVAN, RESPONSABLE EDITORIAL DE NATIONAL PERIODICAL (LA FUTURA DC) AL DIBUJANTE BOB KANE, DE VEINTITRÉS AÑOS.**

Sullivan que, un año antes, había previsto el potencial de Superman, al seleccionarlo para la revista *Action Comics*, tiene ganas de volver a ganar el premio gordo. Así que Kane tiene como misión concebir otro hombre con mallas igual de popular para la cabecera insignia del grupo: *Detective Comics*. En su taller del Bronx, Kane dará a luz un «The Batman» bajo múltiples influencias. La primera: *The Bat* (1926), película muda de Roland West (a la que siguió un remake hablado en 1930), en la que un criminal disfrazado de murciélago aterroriza a los ocupantes de una mansión. Otra influencia: para dotar a su héroe con un par de alas, Kane recicla el ornitóptero, una máquina volante parecida a un planeador, concebida por Leonardo da Vinci.

**Primera aparición de Batman en la revista insignia de DC Comics, *Detective Comics*, 1939.**

Batman lleva una máscara negra, alas negras a la espalda y un jubón rojo. El dibujante mostró enseguida su creación al guionista Bill Finger, el cual al reparar en el dibujo de un murciélago en un diccionario sugirió modificaciones decisivas: suprimir

TM & © 2006 DC Characters, Inc. All Rights Reserved

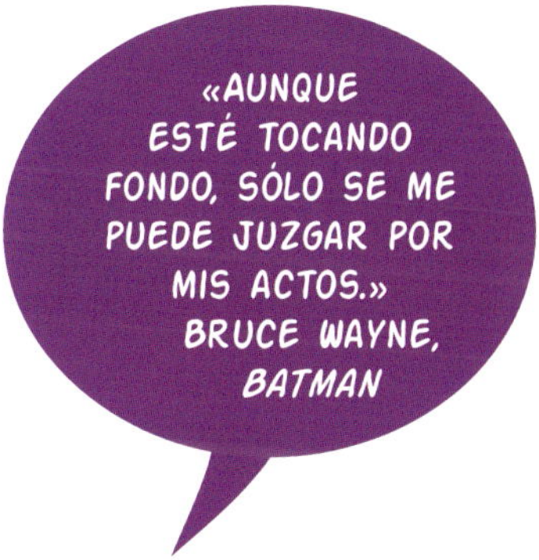


las alas en provecho de una capa festoneada, sustituir el rojo por el gris, añadir guantes y, en el lugar de los ojos, dibujar una lentillas blancas, parecidas a las de El Fantasma (héroe de una strip creada en 1936).

Autor de las primeras aventuras, Bill Finger se inspirará, a la vez, en Douglas Fairbanks (en *El signo del Zorro*), Sherlock Holmes y en los héroes de revistas pulp *La Sombra* y *Doc Savage*, para que Batman sea la antítesis de Superman. Un héroe sombrío, muy bien entrenado e investigador de primera, aunque sin superpoderes y movido por una dinámica de venganza: los padres del millonario Bruce Wayne, alias Batman, fueron asesinados ante él, cuando era niño.

A Batman se le ha descrito, a menudo, como el «Ciudadano Kane de los cómics», gracias a su estética vanguardista. Y con razón: la fotografía sublime de la película de Orson Welles influenció enormemente a Bob Kane, en cuantos a los ambientes expresionistas de sus viñetas. El propio Bruce Wayne parece una reminiscencia de Charles Foster Kane, interpretado por Welles en su obra maestra. En abril de 1940, Kane y Finger añadirán a The Batman, rebautizado Batman, un nuevo recluta: el joven Robin.

TM & © 2006 DC Characters, Inc. All Rights Reserved

1

LOS ORÍGENES DE...

# WONDER WOMAN: LA REINA DE LAS SUPERHEROÍNAS

**FUE LA PRIMERA SUPERHEROÍNA Y HOY EN DÍA SIGUE SIENDO LA MÁS CÉLEBRE. TAMBIÉN ES LA MÁS ANTIGUA QUE SE SIGUE PUBLICANDO EN NUESTROS DÍAS DESDE SU CREACIÓN, EN 1941. Y, CON BATMAN Y SUPERMAN, ES LA TERCERA COLUMNA DEL UNIVERSO DC.**

En todas partes, se la conoce, esencialmente, gracias a la serie televisiva mega-kitsch de la década de los setenta, con la tía buena Lynda Carter moldeada en su short azul con estrellas blancas. Escasamente traducidas en el Hexágono, las aventuras de Wonder Woman las imaginó... un psicólogo licenciado en Harvard, el doctor William Moulton Marston. Contratado por DC en calidad de consejero pedagógico, tras alabar las bondades de los cómics en una entrevista, Marston hizo advertir al editor que todos los superhéroes eran hombres: ya sería tiempo de crear una superheroína que, por sus cualidades de fuerza, belleza y compasión, gustara a la vez, a los chicos y las chicas. «¡Estupendo!», le respondieron los jefes Max Gaines y Sheldon Mayer.

**Creada en 1941 por William Moulton Marston, Wonder Woman, una de las primeras superheroínas, dispone de *comic book* propio desde el año siguiente.**

Con el dibujante Harry Peter, Marston, bajo el seudónimo de Charles Moulton, creará Wonder Woman, cuya primera aparición tendrá lugar en forma de nueve páginas en la revista *All Star Comics* 8 (diciembre 1941). Al mes siguiente, Wonder Woman, pasará a la revista *Sensation Comics*, antes que obtenga su *comic book* propio en junio de 1942 (*Wonder Woman* 1).

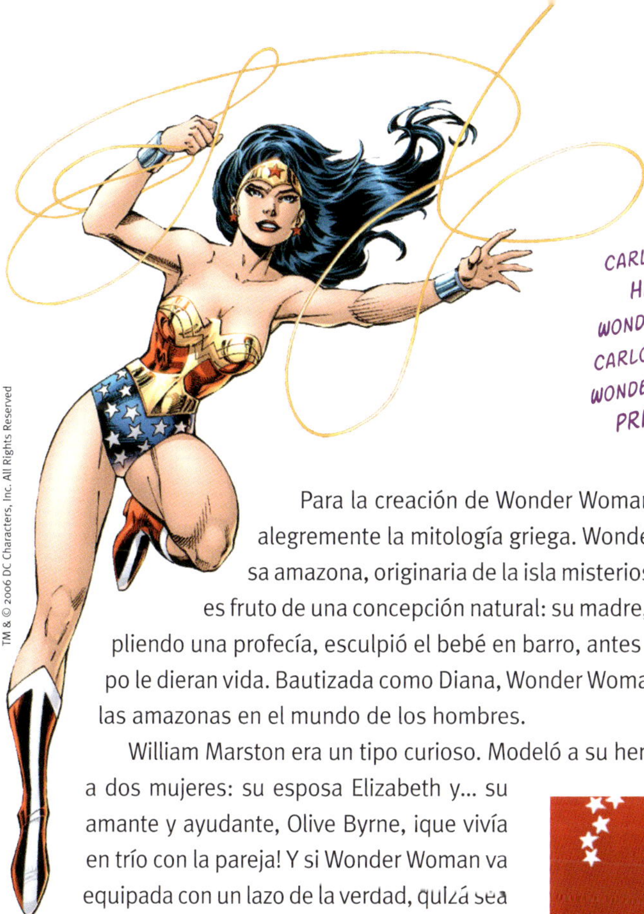



CARLO INDREZZANO: ¿USTED ME HA SALVADO?
WONDER WOMAN: SÍ.
CARLO INDREZZANO: IMPOSIBLE.
WONDER WOMAN: NO ES EL PRIMERO QUE ME LO DICE...

Para la creación de Wonder Woman, Marston ha saqueado alegremente la mitología griega. Wonder Woman es una princesa amazona, originaria de la isla misteriosa de Themyscira. Ella no es fruto de una concepción natural: su madre, la reina Hippolyta, cumpliendo una profecía, esculpió el bebé en barro, antes que los dioses del Olimpo le dieran vida. Bautizada como Diana, Wonder Woman será la embajadora de las amazonas en el mundo de los hombres.

William Marston era un tipo curioso. Modeló a su heroína teniendo en cuenta a dos mujeres: su esposa Elizabeth y... su amante y ayudante, Olive Byrne, ¡que vivía en trío con la pareja! Y si Wonder Woman va equipada con un lazo de la verdad, quizá sea porque Marston fue el inventor, en los años veinte, del polígrafo, primera versión del detector de mentiras. En 1987, los orígenes de Wonder Woman los renovó el dibujante y guionista George Perez. Y Joss Whedon, el creador de la serie televisiva *Buffy, cazavampiros*, todavía suspira por una adaptación cinematográfica de las aventuras de la guerrera sublime.

**Lynda Carter interpreta a Wonder Woman en la serie del mismo título (1976-1979).**

# 8

# PATADA AL CULTO

Los superhéroes también caben en el segundo milenio. DC Comics no esperó a que llegara el año 2000 para trastornar su universo, desde 1985, con la saga *Crisis on Infinite Earths*. Luego Marvel efectúa un regreso... a las raíces, con la serie *Ultimate*, que se propone recuperar la historia de un superhéroe desde el inicio. Además, se crean nuevas editoriales.

# DAREDEVIL, BATMAN, LOS CÓMICS...: ANTES Y DESPUÉS DE FRANK MILLER

**CREADO EN 1964 POR STAN LEE Y BILL EVERETT, DAREDEVIL, ALIAS DEL ABOGADO NEOYORQUINO MATT MURDOCK, ES UN SUPERHÉROE CIEGO, AUNQUE CON LOS DEMÁS SENTIDOS MUY DESARROLLADOS, DESPUÉS DE QUE SUS OJOS FUERAN SALPICADOS DESECHOS RADIOACTIVOS EN UN ACCIDENTE.**

A pesar del excelente trabajo de dibujantes como Gene Colan, y luego Bob Brown, a este superacróbata, enteramente vestido de rojo, se le consideraba casi como un calco de Spider-Man, más viejo y taciturno. Pero en mayo de 1979, un joven de veintidós años llamado Frank Miller hundirá a «cabeza con cuernos» en abismos de negrura. Y revolucionará, de golpe, no sólo el personaje, sino todo el universo de los cómics.

Apasionado por el cine, la cultura asiática y las novelas negras de Mickey Spillane (el creador de Mike Hammer), Frank Miller inyectará todas esas influencias en Daredevil, del cual ocupa el puesto de dibujante en el número 158, y luego el de guionista desde el 165. Expresionistas ambientes nocturnos, encuadres innovadores, croquis más violentos, salud mental «borderline» de los personajes (incluido el propio Daredevil), reinvención de villanos (El Caíd, gordo airado en Spider-Man, aquí se le recicla como rey de la chusma millonaria tan sosegado como despiadado...)

Entre 1979 y 1982, Frank Miller y su entintador Klaus Janson hacen de Daredevil, en el mis-

«EN ORIGEN, UN SUPERHÉROE ES UN TÍO EN MALLAS QUE SALVA A VÍCTIMAS INOCENTES DE UNA SITUACIÓN DESESPERADA. UN PRINCIPIO QUE CADA VEZ ESTÁ MENOS PRESENTE EN LOS CÓMICS DE HOY.»
FRANK MILLER

mo plano que los X-Men del tándem Claremont/Byrne, el héroe más apasionante de Marvel. El personaje, todavía hoy, lleva los estigmas de la «tendencia» decisiva de Miller. En 1983, DC despide al genio asocial. Tres años después, lanza su segunda bomba con los textos y dibujos (con Klaus Janson) de la serie restringida a cuatro episodios *Batman: The Dark Knight Returns*. Como en el caso de Daredevil, aunque de forma más radical, Miller conduce a Batman hasta el límite del abismo moral, héroe envejecido, reaccionario y salvaje, salido del retiro para una última aventura en una Gotham City al borde del apocalipsis. *Best seller* fulminante, *Dark Knight* tendrá, al menos, dos consecuencias: reanimar una Batmanía que culminaría tres años después con la película *Batman* de Tim Burton; y lograr que el *comic book* entre en una era adulta y respetable, como mínimo a los ojos de la *intelligentsia* mediática.

***Daredevil* de Mark Steven Johnson, 2003. Ben Affleck interpreta el papel del superhéroe ciego.**

8

PATADA AL CULTO

# LOS WATCHMEN O EL CREPÚSCULO DE LOS SUPERHÉROES

**EN SEPTIEMBRE DE 1986, MEDIO AÑO DESPUÉS DEL SEÍSMO *BATMAN: THE DARK NIGHT RETURNS*, UNA NUEVA SACUDIDA HACE QUE TIEMBLEN LOS CIMIENTOS DEL MITO SUPERHEROICO: *WATCHMEN*, *COMIC BOOK* EN DOCE CAPÍTULOS DE PERIODICIDAD MENSUAL FIRMADO POR ALAN MOORE (GUIÓN) Y DAVE GIBBONS (DIBUJO).**

La acción transcurre en Nueva York en 1985. Edward Blake, alias El Comediante, superhéroe jubilado, es asesinado en su casa, y luego arrojado por la ventana. Otros justicieros enmascarados fuera de circuito están en el objetivo. El psicótico Rorchasch, ex cómplice del Comediante, conduce la investigación... Cuando existe la amenaza de una tercera guerra mundial, ¿qué terrible verdad se esconde tras aquellas eliminaciones?

Relato gráficamente revolucionario y acribillado con metáforas, vertiginosa realización abismal de la historia de los superhéroes, *Watchmen* pulveriza los códigos clásicos del género. Casi con una sola excepción (el todopoderoso doctor Manhattan), sus héroes no tienen poder alguno. Tan sólo hombres y mujeres más ágiles, inteligentes y robustos que la media, que en los años treinta, influidos por la historieta, han tenido

## «WHO WATCHES THE WACHTMEN?» («¿QUIÉN VIGILA A LOS VIGILANTES?»)

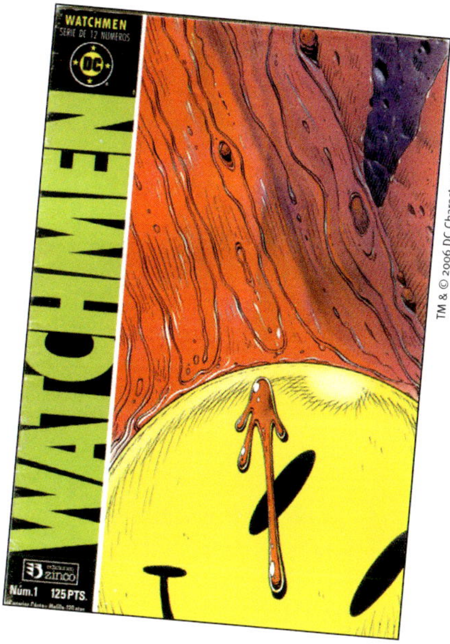




la idea absurda de ponerse la máscara y las mallas para luchar contra el crimen. Gracias al doctor Manhattan, Estados Unidos ganó en Vietnam, no se produce el caso Watergate y el presidente Nixon sigue en el poder.

Pero en 1985, la mayoría de superhéroes son alcohólicos, locos, enfermos o depresivos. Desde 1977, hay una ley que les obliga a servir al gobierno o a desaparecer y el público los infama. Éxito inmenso a pesar de (¿o gracias a?) su vanguardismo, *Watchmen*, al igual que Dark Knight con Frank Miller, consagrará a Alan Moore y Dave Gibbons como estrellas absolutas del *comic book*. DC, para la que 1986 será un año decididamente dorado, reeditará rápidamente *Watchmen* en forma de un adoquín calificado de «novela gráfica», género al cual se acerca asimismo *Dark Knight*. A este respecto, *Time Magazine* incluyó a *Watchmen* en la lista, realizada en 2005, de las cien mejores novelas en idioma inglés, escritas desde la fundación de la revista en 1923.

# IMAGE COMICS: LA REBELIÓN DE LOS CREADORES

**TERCERA EMPRESA ESTADOUNIDENSE DE CÓMICS EN IMPORTANCIA, A MUCHA DISTANCIA DE MARVEL Y DC, IMAGE SE FUNDÓ EN 1992, TRAS UN GRAVE INCIDENTE, CÉLEBRE EN EL MUNDILLO DE LA HISTORIETA.**

Una tarde de diciembre de 1991, tres dibujantes de la escudería Marvel irrumpen en el despacho del presidente Terry Stewart. Todd McFarlane, Rob Liefeld y Jim Lee están entonces en la cima de la gloria. Artistas de formación, también son guionistas de títulos *best sellers*, que les han convertido en superestrellas de la profesión: *Amazing Spider-Man* y la serie derivada *Spider-Man* en el caso de McFarlane, *X-Force* para Liefeld y la nueva revista mensual *X-Men* para Lee, que de su primer número, en agosto de 1990, vendió ocho millones de ejemplares. Un récord histórico.

En el despacho de un Stewart atacado por sorpresa, suena la hora de las reivindi-

IMAGE NO POSEE EL TRABAJO DE UN CREADOR. EL AUTOR ES EL PROPIETARIO. UN CREADOR DE IMAGE NO INTERVIENE NUNCA, CREATIVA O FINANCIERAMENTE, EN EL TRABAJO DE OTRO.

caciones. Los tres reyes Midas del lápiz, conscientes de su valor comercial, aunque también que se trata de productos para tirar, no quieren que se repita con ellos la cruel historia de Joe Shuster, Jerry Siegel o de Jack Kirby. A saber cuántos son los autores de cómics arruinados por sus amos, los cuales han amasado fortunas con los productos derivados de Superman o de los Cuatro Fantásticos, sin que nada (o muy poco) haya revertido en los creadores. McFarlane y sus amigos también exigen, aparte de sus salarios, una participación sustancial en los beneficios que Marvel ha obtenido con el merchandising alrededor de sus cómics. El ejemplo de las *Tortugas Ninja*, *comic book* autoeditado en 1984 por Kevin Eastman y Peter Laird y que les convirtió en millonarios (juguetes, películas, series de animación...), refuerza la convicción de los tres intrigantes.

Por desgracia para ellos, Marvel no dará su brazo a torcer. Según Rob Liefeld, sin más ni más, Terry Stewart se atreve a comparar a los artistas con los esclavos de las plantaciones: pueden irse, Marvel siempre encontrará alguien que «recolecte algodón». Que conste en acta: en agosto de 1992, McFarlane, Liefeld y Lee se irán de Marvel, además de «secuestrar» con ellos a otros cuatro artistas clave del grupo para crear Image. Un estudio basado en el control total, por parte del autor, de los derechos y los personajes de la revista (entonces surge el término de series «creator owned»). Tras una salida espectacular (y una breve estancia en el número 2, ¡por delante de DC!), Image sufrirá una gran cantidad de reveses de crítica y comerciales. Pero ésa es otra historia...

# ULTIMATE: EL RENACER DE LOS GRANDES HÉROES DE MARVEL

**EN ENERO DE 2000, BILL JEMAS, NUEVO PRESIDENTE DE LA DIVISIÓN DE EDICIÓN Y PRODUCTOS DERIVADOS DE MARVEL, RECIBE EL ENCARGO DE REDINAMIZAR LAS GRANDES MARCAS DE LA FIRMA. MARVEL APENAS SE HA REPUESTO DE LA BANCARROTA, QUE NO PUDO CON LA EMPRESA EN 1997, PERO COMPRENDE A LA PERFECCIÓN QUE DEBE PONERSE EN PIE.**

Prioridades: Spider-Man y X-Men. Lejos del brillo de antaño en cuanto a ventas, de todas maneras las dos licencias conservan todo el potencial, y más teniendo en cuenta que Hollywood se dispone a reciclarlas. Jemas, al que se ha ordenado que maximice la sinergia entre las futuras películas y las historietas, debe procurar un relevo entre éstas y la nueva imaginería que no tardarán a imponer, entre el público, las versiones cinematográficas.

Aunque es difícil retocar los cimientos visuales y narrativos de revistas mensuales con casi cuarenta años de vida como *Amazing Spider-Man* o *Uncanny X-Men*. ¿La solución? La línea «Ultimate» que retoma desde el inicio la historia de un héroe, con ciertas libertades respecto al mito. Objetivo de la maniobra: atraer a los más jóvenes a los que les habrán gustado las películas, pero a los que no les seducen obligatoriamente los títulos de la «old school». De este modo, nace la revista mensual *Ultimate Spider-Man*, en octubre de 2000, un año y medio antes de la película con Tobey Maguire. Cofirmada por Brian Michael Bendis (guión) y Mark Bagley (di-

> «EXISTE UNA CIERTA SENSIBILIDAD HACIA EL MUNDO ULTIMATE QUE ES DIFÍCIL DE EXPLICAR: LAS DOS PRIMERAS SERIES ULTIMATE (*SPIDER-MAN* Y LOS *X-MEN*) SE ALEJABAN DE MUCHOS TEMAS, PERO HABÍA ALGUNOS PUNTOS QUE HACÍAN A LAS CITADAS SERIES MUY CONTEMPORÁNEAS, CON UN SENTIMIENTO DE RENOVACIÓN Y UNA EXCITACIÓN QUE, CREO, ES UNO DE LOS PUNTOS ESENCIALES DEL UNIVERSO ULTIMATE.»
> JOHN BARBER, EDITOR ASOCIADO DE LA LÍNEA ULTIMATE DE MARVEL

bujo), gráficamente muy sofisticada, *USM* «repinta» la leyenda. Bendis adopta una técnica de escritura llamada de «descompresión»: si en 1962 se relataron en once páginas los orígenes de Spidey, en este caso se extienden durante ciento ochenta páginas y los siete primeros números, con un Peter Parker de quince años de edad que no se convierte en Spider-Man hasta el quinto.

Modernización obliga, al héroe le ha picado una araña «modificada genéticamente» (ya no radiactiva), y es diseñador de páginas web en el *Quotidlen* (en vez de fotógrafo).

*USM* obtendrá un éxito de público y de crítica que sigue hasta hoy (la revista, a finales de 2006, celebró el número 100). Y ayudó al lanzamiento, en febrero de 2001, de *Ultimate X-Men*, con un look de los personajes calcado sobre los de la película, estrenada unos meses antes. Siguieron otros títulos Ultimate, con Marvel que, de este modo, creaba al lado de su universo clásico, uno nuevo de superhéroes rejuvenecidos con una continuidad propia: el «Marvel Ultimate Universe».

# CRISIS ON INFINITE EARTHS: LA GRAN LIMPIEZA DE LA CASA DC

**EN 1985, LA MINISERIE DE DOCE EPISODIOS *CRISIS ON INFINITE EARTHS* SERÁ LA OCASIÓN DE DAR UN ESCOBAZO SIN PRECEDENTES EN EL UNIVERSO DE LOS SUPERHÉROES DC. Y, ADEMÁS, SALVARÁ A LA EDITORIAL DE UN EMBROLLO GUIONÍSTICO DE VEINTICINCO AÑOS, CULPABLE DE UNA HEMORRAGIA MASIVA DE LECTORES EN PROVECHO DE LA COMPETIDORA MARVEL.**

Las raíces del mal se remontan a 1956. Previendo un regreso glorioso de los superhéroes, DC decide reeditar algunos personajes de la *golden age*, rechazados (tan sólo Superman, Batman y Wonder Woman han aguantado el tipo). Un Flash con new look sale a la luz, ahora con el nombre de Barry Allen (el Flash de 1940 se llamaba Jay Garrick), al igual que un nuevo Green Lantern en 1959. Y en 1960, DC crea la Liga de los Justicieros de Estados Unidos (Justice League of America, o JLA, en versión original). Calcada de la difunta Justice Society of America (JSA) de 1940, este equipo nuevo de superhéroes retoma algunos integrantes, sobre todo Superman, Batman, Wonder Woman (que no han cambiado), Flash 2 y Green Lantern 2, así como versiones puestas al día

de Atom, Hawkman y Black Canary.

Aunque los lectores de más edad, que se acuerdan de los héroes de 1940, se quedan perplejos: ¿qué fue de los primeros Flash, Green Lantern y demás colegas? Astucia inventada por DC: la JSA de 1940 y la JLA de 1961 evolucionan en dos universos paralelos. Todos los héroes creados a partir del Flash de 1956 viven de hecho en un mundo llamado Tierra-1 (nuestro mundo), y los de la época 1938-1942 en Tierra-2. Y cada una de ellas tiene a su Superman (integrante de la JSA en la Tierra-2 y de la JLA en la Tierra-1), su Batman y su Wonder Woman. Aperturas accidentales del «continuum espacio-tiempo» provocarán encuentros explosivos entre los dos mundos, el primero de los cuales ocurrirá entre los dos Flash en el número 123 de *Flash* (septiembre 1961).

Problema: en el curso de los años, DC multiplicará hasta la sobredosis dichos universos paralelos (¡Tierra-3, Tierra-4, Tierra-5, Tierra-6, Tierra Prima, etc.!) y sus interpenetraciones. Cada vez más aturdidos, los lectores huyen. Concebida por Marv Wolfman y George Perez, *Crisis on Infinite Earths* orquestará la reunificación de todos aquellos mundos en uno solo, con el pretexto de un grave peligro cósmico, que afecta a todas las dimensiones. Saga colosal e inédita en la época, por su amplitud, CIE ha triunfado en su misión, simplificando el «Universo DC» (una cuarentena de héroes morirán, entre los cuales Flash 2 y Supergirl) y, aún hoy, sigue considerada como el metro patrón en materia de *cross-over*. En 2006, DC ha puesto sobre la mesa *Infinite Crisis*, relato transversal que promete nuevas perturbaciones.

8

# ANEXOS

# SUPERHÉROES: CRONOLOGÍA

## 1934

*Famous Funnies*, primer *comic book* vendido en quioscos, que reeditaba historias publicadas en los diarios.

Creación, por parte del mayor Wheeler-Nicholson, de National Allied Publications, embrión de la futura DC Comics.

## 1935

*New Fun: the big comic book magazine*, primer *comic book* mensual con historias inéditas (no publicadas en los diarios).

## 1937

Primer número de *Detective Comics*, el *comic book* más antiguo, que todavía se publica en nuestros días (en octubre de 2006 va por el número 826).

## 1938

Primera aparición de Superman, de Jerry Siegel y Joe Shuster, en *Action Comics* n.º 1 (DC), que hará que los cómics en general, y los superhéroes en especial, entren en el período de la «Edad de Oro».

## 1939

Primera aparición de Batman, de Bob Kane y Bill Finger, en *Detective Comics número* 27.

Creación por parte de Martin Goodman de Timely Comics (la futura Atlas de los años 50, y luego Marvel), que publica su primer título *Marvel Comics* n.º 1 (64 páginas), con siete historias (entre las cuales Namor, el príncipe de los mares, de Bill Everett y La Antorcha Humana, de Carl Burgos).

Lanzamiento de *Superman*, primer *comic book* dedicado a un solo personaje.

## 1940

Timely Comics contrata a un meritorio de nombre Stanley Martin Lieber, de 17 años, primo del jefe Martin Goodman. El chico de los recados trepará rápidamente por los escalones, y se hará célebre con el seudónimo de Stan Lee.

Primer Green Lantern en *All-American Comics* n.º 16 (DC).

Justice Society of America, primer equipo de superhéroes en *All-Star Comics* n.º 3 (DC). Integrantes originales: Doctor Fate, Hour-Man, The Spectre, Sandman, Atom, el primer Flash (Jay Garrick), Green Lantern y Hawkman.

Primera aparición del Capitán Marvel (Fawcett), rival de Superman.

Joe Shuster deja de dibujar Superman.

Primera aparición de Selina Kyle, futura Catwoman en *Batman* n.º 1.

## 1941

Nacimiento de Steve Rogers, alias Capitán América (Timely) y de Wonder Woman (DC).

Primera aparición de Plastic Man, creación de Jack Cole, en *Police Comics* n.º 1 (DC).

Nacimiento de Arthur Curry, alias Aquaman, héroe de la Atlántida, creación de Paul Norris y Mort Weisinger en *More Fun Comics* n.º 73 (DC).

## 1943

Primera mención de la «kryptonita», el metal fatal para Superman, en el serial radiofónico *Las aventuras de Superman*.

## 1945

Primera aparición de Superboy en *More Fun Comics* n.º 101 (DC).

## 1948

Jerry Siegel y Joe Shuster demandan a la empresa DC, respecto a los derechos derivados de Superman y Superboy. Los autores perderán el proceso y serán despedidos.

## 1949

Fin aproximado de la edad de oro de los cómics con numerosas supresiones de títulos de superhéroes, pasados de moda: Flash (DC), Green Lantern (DC), Capitán América (Timely), Sub-Mariner (Timely), etc. Las historias del oeste, de guerra y de amor pasan por encima. En DC, tan sólo Batman, Superman y Wonder Woman seguirán sin interrupciones.

## 1954

*Seduction of the innocent*, violento panfleto anticómics del doctor Fredric Wertham.

Dirigida por el congresista demócrata Estes Kefauver, célebre por haber investigado el crimen organizado, una subcomisión del Senado estadounidense examina el papel de los cómics en la delincuencia juvenil. Wertham actuará de testigo.

Editores y distribuidores organizan la Comics Code Authority, que redacta el «Comics Code» o código de autocensura de los cómics.

## 1956

DC lanza, en la revista *Showcase* n.º 4, una versión reactualizada de Flash, héroe de los años 40, caído en el olvido. Firmado Julius Schwartz y Carmine Infantino, se considera a este revival como las primicias de la «era de plata» de los cómics (*silver age*).

## 1957

Lanzamiento de Challengers of the Unknown (DC), equipo de cuatro superhéroes, creados por Jack Kirby. Cuatro años después, Kirby se inspirará enormemente en ese equipo para dibujar Los Cuatro Fantásticos, en Timely.

## 1958

Primera aparición de Supergirl en *Superman* n.º 123.

## 1959

Creación de Hal Jordan, alias el segundo Green Lantern (DC), inicio de la *silver age*.

## 1960

En el mensual *Brave and Bold* n.º 28 (DC), primera aparición de Justice League of America, revival de la antigua Justice Society of America. Composición original: Superman, Batman, Wonder Woman, Flash, Green Lantern, Aquaman y Martian Manhunter. El éxito decidirá a Marvel a lanzar su propio equipo de superhéroes.

## 1961

Creación de los Cuatro Fantásticos (Marvel), en su revista propia por Stan Lee y Jack Kirby. Inicio del dominio de Timely, muy pronto rebautizada como Marvel, en la Edad de Plata de los cómics.

Aparición de Batgirl en *Batman* n.º 139.

## 1962

Primera aparición de Spider-Man (Marvel) en *Amazing Fantasy* n.º 15 creado por Stan Lee y Steve Ditko.

Creación de Hulk (Marvel) a cargo de Stan Lee y Jack Kirby en *The Incredible Hulk* n.º 1.

Creación de Iron Man (Marvel), en *Tales of Suspense* n.º 39 (fechado en marzo de 1963).

## 1963

Creación del Doctor Strange (Marvel) por Stan Lee y Steve Ditko.

Creación de los X-Men (Marvel) a cargo de Stan Lee y Jack Kirby.

## 1964

Creación de los Teen Titans (DC) por Robert Haney y Bruno Premiani.

Creación de Daredevil (Marvel), por Stan Lee y Bill Everett.

## 1966

Black Panther, primer superhéroe negro, aparece en *Fantastic Four* n.º 52 (Marvel).

*Amazing Spider-Man* n.º 38 es el último dibujado por Steve Ditko, que se va de Marvel tras una legendaria pelea con Stan Lee. Le sustituirá John Romita.

## 1967

National Periodical Publications (DC) la compra la Kinney National Company, asimismo propietaria de los estudios Warner. Al centrarse en su división de entretenimiento, Kinney tomará el nombre de Warner Communications en 1972.

## 1968

Por vez primera en su historia, Marvel es objeto de una recompra, en esta oportunidad por el grupo Perfect Film and Chemical Corporation (que en 1973 tomará el nombre de Cadence Industries).

## 1969

Nuevo proceso de Jerry Siegel y Joe Shuster contra DC, con respecto a los derechos de Superman. Los autores perderán al término de un procedimiento de seis años.

Fin aproximado de la edad de plata de los cómics.

## 1970

Los cómics se hacen eco de preocupaciones más sociales, como el Green Lantern de Denny O'Neil y Neal Adams (DC), con intrigas inspiradas en los periódicos.

En *Detective Comics* n.º 395, el dúo O'Neil/Adams renueva a Batman, y lo devuelve a su negrura original, después de una deriva kitsch de resultas de la serie televisiva de los años sesenta.

Tras una década fabulosa en Marvel, Jack Kirby, enemistado con Stan Lee, ficha por la rival DC.

## 1971

En contra de la opinión de la Comics Code Authority, Stan Lee publica tres aventuras de Spider-Man, que evocan el flagelo de la droga. Publicados sin el sello de la CCA, los tres números son, sin embargo, *best sellers*.

## 1972

Creación en Marvel del Caballero Fantasma (Ghost Rider) y de Luke Cage.

## 1973

Primera aparición de Blade, el cazador de vampiros, creación de Marv Wolfman y Gene Colan, en el cómic *Tomb of Dracula* (Marvel).

En *Amazing Spider-Man* n.º 121, el asesinato de Gwen Stacy, la gentil novia de Peter Parker, a manos del Bufón Verde, trastorna y escandaliza a los lectores. Stan Lee, director de publicaciones de Marvel, jura que él no tiene nada que ver con el asunto: los autores han escrito el episodio mientras él estaba en el extranjero.

## 1974

Primera aparición de Logan, alias Wolverine, en *Incredible Hulk* n.º 180.

Primera aparición de Punisher, héroe borderline liquidador de truhanes en *Amazing Spider-Man* n.º 129.

## 1975

Nuevo equipo de los X-Men («All new, all different») en *Giant size X-Men* n.º 1, y luego en *Uncanny X-Men* n.º 94. Entre los integrantes originales: Cyclope, Jean Grey y el profesor Charles Xavier.

Después de una campaña de protesta orquestada por el propio Jerry Siegel, Warner Communications, casa madre de DC, se compromete a otorgar un salario anual respectivo de 35.000 dólares a los dos creadores de Superman hasta el fin de sus días.

## 1976

National Periodical Publications adopta definitivamente en sus estatutos «DC», como nombre oficial.

*Superman contra Spider-Man*, primer *cross-over* entre dos superhéroes de Marvel y DC.

## 1978

Estreno en Estados Unidos de la película *Superman* de Richard Donner.

## 1979

Primer Daredevil dibujado por Frank Miller, que seguidamente revolucionará al personaje, como guionista.

Primera aparición de La Gata Negra en *Amazing Spider-Man* n.º 194.

## 1980

Chris Claremont y John Byrne «matan» a Jean Grey, convertido en el Fénix negro, en uno de los episodios más célebres de los X-Men.

Creación de Miss Hulk (Marvel).

## 1981

Ascenso del «mercado directo», esto es, de los puestos especializados en la venta de cómics. Para probar la viabilidad de dicho mercado, Marvel lanza únicamente en esos puntos de venta el cómic *Dazzler* (superheroína aparecida un año antes en los X-Men). Prueba concluyente.

## 1982

Marvel publica dos obras maestras de la «novela gráfica» (historia completa o miniserie, publicada en formato mayor y más prestigioso que los fascículos mensuales): *La muerte del Capitán Marvel* (Jim Starlin) y *Dios crea, el hombre destruye* (Chris Claremont, Brent Anderson), una aventura de los X-Men que inspirará la película *X-Men 2*.

## 1983

Frank Miller se va de Marvel a DC.

## 1985

Inspirado por las «Secret Wars» de Marvel, lanzamiento en DC del mega *cross-over* en doce partes *Crisis on Infinite Earths* (DC), de Marv Wolfman y George Perez. Dicha serie supone en el seno del universo de los héroes DC un trastorno sin precedentes en la historia de los cómics.

## 1986

*Batman: The Dark Knight Returns* de Frank Miller (DC).

*Watchmen* de Alan Moore y Dave Gibbons (DC).

La empresa *New World Pictures*, fundada en 1970 por Roger Corman, compra Marvel.

*Man of Steel*, mini serie de culto en seis episodios, con guión y dibujos de John Byrne, reemprende los orígenes de Superman con elementos nuevos.

Mike Richardson, propietario de varias tiendas de cómics en Oregón, funda la editorial Dark Horse Comics, hoy en día la cuarta empresa más importante de cómics en Estados Unidos (detrás de Marvel, DC e Image). Especializada en los cómics sacados de licencias (*Star Wars, Buffy, Alien vs Predator*...), Dark Horse creará más tarde una filial cinematográfica, Dark Horse Entertainment (*La Máscara, Hellboy*...).

Marvel lanza una miniserie ultraviolenta en cinco partes: Punisher, firmada por Steven Grant y Mike Zeck.

## 1987

Llegada de Todd McFarlane al puesto de dibujante en *Amazing Spider-Man* n.º 298. Moderniza el personaje con un aspecto más de insecto, ojos agrandados y posturas todavía más acrobáticas. Asimismo creará al ultrapopular supervillano Venom.

En *Amazing Spider-Man annual* n.º 21, Peter Parker se casa con Mary Jane Watson. Marvel celebra el acontecimiento, con la organización en el Shea Stadium de Nueva York de una verdadera ceremonia falsa de matrimonio ante 45.000 espectadores, congregados para ver un partido de baloncesto.

Tras meses de una larga controversia, desastrosa para su imagen, Marvel accede a restituir a Jack Kirby alrededor de 2.000 de sus planchas originales (faltarían otras 10.000 en la apelación).

## 1989

New World revende Marvel al holding dirigido por el *golden boy* Ronald O. Perelman.

Nueva revisión, más tolerante, del Comics Code, la primera después del «asunto Spider-Man» de 1971.

Tras numerosas fusiones, el grupo Time Warner se hace con la propiedad de DC.

Estreno de *Batman*, de Tim Burton.

En Francia, la editorial Lug, que publicaba a los superhéroes Marvel desde 1969, es adquirida por Semic.

## 1990

A Todd McFarlane, convertido en estrella de los lectores de Marvel, se le encarga una continuación de *Amazing Spider-Man*, sencillamente titulada *Spider-Man*. El primer número, publicado con cinco portadas distintas, obtiene unas ventas de casi tres millones de ejemplares.

## 1991

Marvel abre el 40% de su capital al público. En Wall Street, cotizará bajo el indicativo «MRV» (para pasar luego a «MVL»).

Firmado por Chris Claremont y Jim Lee, el primer número de la nueva revista *X-Men* bate el récord histórico de ventas de un *comic book*: más de ocho millones de ejemplares.

## 1992

Fallecimiento (provisional, desde luego) de Superman, liquidado por Doomsday en *Superman* n.º 75 (con fecha de enero de 1993), con más de seis millones de ejemplares vendidos.

Creación por parte de siete disidentes de Marvel (entre ellos Todd McFarlane, Jim Lee y Rob Liefeld) de la firma Image Comics, hoy en día en tercer lugar del mercado, tras Marvel y DC. Las deserciones citadas sumergirán a Marvel en un marasmo creativo que durará varios años. En Image, los autores son propietarios de su creación, al contrario que en Marvel o DC. Los fundadores dirigen su propio sello en el seno de Image.

*Youngblood* (Rob Liefeld), *Wild Cats* (Jim Lee) y *Spawn* (Todd McFarlane) son los primeros cómics que lanza Image. Tras un arranque espectacular, las ventas acabarán por caer.

## 1993

Creación del sello Vertigo, por parte de DC, con destino a un público lector de más edad.

## 1994

Inicio de la inextricable y controvertida «saga de los clones» en *Amazing Spider-Man*: el lector se entera de que, en realidad, Spider-Man era un clon desde hacía veinte años.

Marvel terminará por desandar sus pasos, al final de dos años de intrigas increíbles.

Marvel consigue un éxito premeditado con la sublime serie restringida *Marvels*, escrita por Kurt Busiek y entintada por Alex Ross.

## 1996

Superman y Lois Lane se casan en *Superman: The Wedding Album*.

El grupo italiano Panini, adquirido por Marvel, publica desde ese momento los superhéroes Marvel en Francia. Semic se concentra en las licencias DC.

## 1998

Jim Lee vende su estudio Wildstorm (antigua propiedad de Image) a DC Comics.

Avi Arad e Isaac Perlmuter, propietarios de una filial de juguetes de Marvel, toman el control del grupo en contra de Ron Perelman y Carl Icahn.

Stan Lee «echado» de Marvel.

## 2000

Joe Quesada, designado *editor in chief* de Marvel, emprende un largo trabajo de renovación creativa en la empresa.

*Ultimate Spider-Man* n.º 1: primero de una línea de *comic books*, que retoma en sus orígenes las aventuras de los héroes Marvel más importantes. Los adolescentes (el blanco previsto), y también los adultos la aprueban.

Estreno de *X-Men*, de Bryan Singer.

## 2001

Al ex creador de la serie televisiva *Babylon 5*, Joseph Michael «JM» Straczynski, lo contrata Marvel como guionista de *Amazing Spider-Man*, de la que revolucionará algunos cimientos.

*Amazing Spider-Man* n.º 36, consagrado al 11 de septiembre, suscita la polémica.

## 2002

DC suprime las cartas al director en sus historietas, al estimar que los fans pueden utilizar su página web.

Estreno de *Spider-Man*, de Sam Raimi.

## 2003

Por primera vez en casi un decenio, Marvel vuelve a generar beneficios, principalmente gracias al flujo de efectivo, que proviene de las películas *Spider-Man* y *X-Men*, especialmente de los derechos derivados.

## 2004

Marvel lanza la gama «Marvel age», relectura de Spider-Man, Hulk y de los Cuatro Fantásticos en formato manga.

## 2005

Panini, revendida en 1999 a Marvel por su propio consejo de administración, firma asimismo un acuerdo de licencia con DC Comics. Panini está en posesión, desde ese momento, de las licencias exclusivas de publicación de los superhéroes Marvel y DC para Francia, a la vez que en numerosos mercados extranjeros.

Marvel lanza House of M, *cross-over* espectacular en ocho partes, escrito por Brian Michael Bendis y dibujado por el francés Olivier Coipel.

Lanzamiento de la serie *All Star Superman* (DC), homóloga de la línea *Ultimate Spider-Man* de Marvel.

Primer número de *Young Avengers* (Marvel), éxito de crítica y público firmado por Allan Heinberg y Jim Cheung.

Estreno de *Batman Begins*, de Christopher Nolan.

## 2006

Estreno de *Superman Returns*, de Bryan Singer.

Lanzamiento de los *cross-over Infinite Crisis* (DC) y *Civil War* (Marvel). En el segundo, Marvel crea el acontecimiento mediático, al mostrar cómo Spider-Man, revela su doble identidad frente al mundo.

Avi Arad abandona su puesto de gerente de Marvel Studios (la filial cinematográfica de Marvel) para crear su propia empresa de producción. Con su salida, al igual que la de dos cargos clave más del grupo, se relanzan los rumores (recurrentes) de la venta de Marvel.

# LOS PRÓXIMOS SUPERHÉROES EN LA GRAN PANTALLA

## 2008

**Iron Man,** de Jon Favreau, con Robert Downey, Jr. (estreno estadounidense: 2 de mayo)

**Ant-Man,** de Edgar Wright

**The Incredible Hulk,** de Louis Leterrier

**The Dark Knight,** de Christopher Nolan (secuela de *Batman Begins*)

**Nick Fury**

**Wonder Woman,** de Joss Whedon

## 2009

**Captain America**

**Thor**

## OTRAS PELÍCULAS EN PROYECTO

**Deathlok** (Paramount)

**Gargoyle** (Sony)

**Luke Cage** (Sony)

**Magneto** (Fox)

**Namor,** de Jonathan Mostow (Universal)

**The Punisher 2** (Lionsgate)

**Wolverine** (Fox)

# BIBLIOGRAFÍA

**Excelsior! The Amazing Life of Stan Lee,** de Stan Lee y George Mair (ed. Simon & Schuster)

**Histoire du comic book, tome 1, des origines à 1954,** de Jean Paul Jennequin (ed. Vertige Graphique)

**Stan Lee and the Rise and Fall of the American Comic Book,** de Jordan Raphael y Tom Spurgeon (ed. Chicago Review Press)

**Comic Book Nation,** de Bradford W. Wright (Johns Hopkins University Press)

**Comic Wars, Marvel's Battle for Survival,** de Dan Raviv (Random House)

**Superman, The Complete History,** de Les Daniels (Chronicle Books)

**The Comic Book Makers,** de Joe Simon y Jim Simon (Vanguard)

**The Silver Age of Comic Book Art,** de Arlen Schumer (Collector's Press)

**Tales to Astonish: Jack Kirby, Stan Lee, and the American Comic Book Revolution,** de Ro Ronin (Bloomsbury Publishing PLC)

**Super Héros,** de Martin Winkler (EPA)

# PARA SABER MÁS EN INTERNET

### WWW.MARVEL.COM

Sitio oficial de la editorial Marvel.

### WWW.DCCOMICS.COM

Sitio oficial de la editorial DC.

### WWW.PANINICOMICS.ES

El sitio oficial de Panini en España, que reagrupa todo el universo de los cómics.

### WWW.GUIADELCOMIC.COM

Proyecto informativo on-line sin ánimo de lucro realizado y mantenido principalmente por Jose A. Serrano. Sus objetivos son el fomento de la lectura de cómics y frece una información fiable y detallada dirigida tanto al lector aficionado como a un público general.

### WWW.PLANETADEAGOSTINICOMICS.COM

Página oficial de Planeta DeAgostini Cómics. Información sobre las publicaciones de esta prestigiosa editorial, editores en España, entre otros, de DC y Marvel (este último hasta 2004, cuando Panini decidió publicar por sí mismo todos los cómics de Marvel).

### WWW.AKIRACOMICS.COM

Página web de una de las mayores librerías especializadas de España; permite hacer compras a través de la red. Se pueden encontrar las secciones habituales de cómics, juegos, literatura y figuras de plomo.

### WWW.UNIVERSOMARVEL.COM

Imprescindible página web para conocerlo todo sobre el Universo Marvel. Encontrarás desde las novedades más rabiosas hasta una relación exhaustiva y completa de todos los títulos de Marvel publicados en España en diferentes colecciones y editoriales. Muy útil para guiarte por el laberinto de aquellos maravillosos años.

### WWW.COMICS2FILM.COM

Sitio en inglés dedicado íntegramente a las adaptaciones cinematográficas de los superhéroes.

## AGRADECIMIENTOS

Al autor le gustaría dar las gracias de forma muy especial a Jean Paul Jennequin por sus pacientes explicaciones.

Gracias a todo el equipo de la revista *Comic Box* y a su redactor jefe Fabrice Sapolsky por su inestimable ayuda.

Gracias a Olivier Jalabert de la empresa Album.

Gracias a David Mikanovski.

Gracias a Stan Lee por su disponibilidad y, sobre todo, por la magnífica evasión en la que sus superhéroes sumergieron mi juventud. Excelsior!

Gracias a Iannis, Charly, Fred, Manu, Didier, Jerôme, Romain, Laurence y Marion

Finalmente, gracias a Hubert, Marie France, Pierre y Georges Henri Guedj.

## Otros títulos en Ma Non Troppo – Showtime

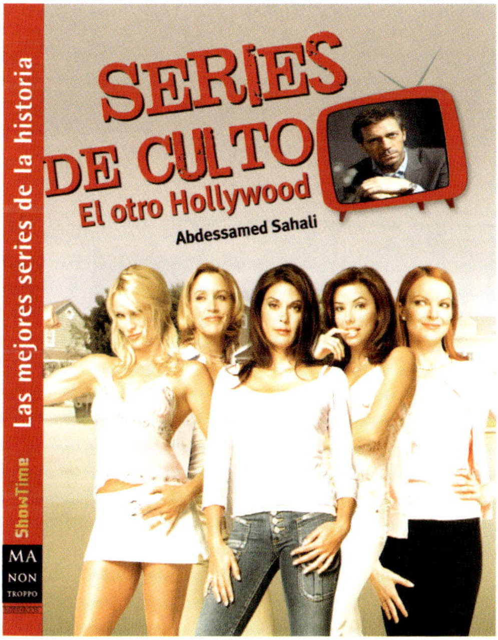


***Series de culto. El otro Hollywood***
**Abdessamed Sahali**

*Series de culto* no es una simple guía, va más allá. Las series son un gran espectáculo trufado de anécdotas relacionadas con el rodaje o la producción. ¿No le gustaría saber por qué *Star Trek* se mantuvo en pantalla a pesar de que sus dos primeras temporadas fracasaron estrepitosamente? ¿O qué sucedió después de que J.R. recibiese un balazo en el último capítulo de *Dallas*? ¿O por qué la Casa Blanca se interesó por los guiones de *Sensación de Vivir*? Si es así, está de enhorabuena: éste es su libro.

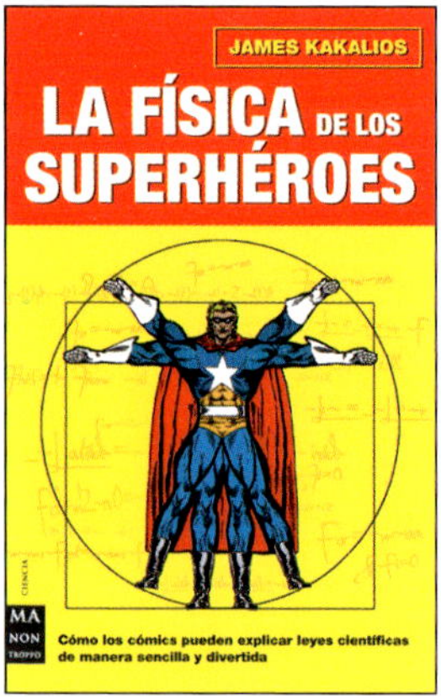


## *La física de los superhéroes*

**James Kakalios**

El reconocido profesor universitario James Kakalios demuestra, sólo recurriendo a las nociones más elementales del álgebra, que con más frecuencia de lo que creemos, los héroes y los villanos de los cómics se comportan siguiendo las leyes de la física. El autor acude a conocidas proezas de los cómics y proporciona una diáfana y entretenida introducción a todo el panorama de la física, sin desdeñar aspectos de vanguardia de la misma, como la física cuántica y la física del estado sólido.

## *Películas clave del cine de terror moderno*

**Desirée de Fez**

El terror es un género subestimado, pero también uno de los más prolíficos, ricos y variados. Este libro se centra en la etapa que abarca desde el estreno de *La noche de los muertos vivientes* (1968) hasta la actualidad, el llamado cine de terror moderno. Cuatro decenios prolíficos, guiados por maestros como Tobe Hooper, John Carpenter y David Lynch y trufados de películas del calibre de *La semilla del diablo, La matanza de Texas* y *El exorcista.*

## *Películas clave del cine de ciencia ficción*

**Sergi Sánchez**

Un repaso a la historia del género a través de cien títulos imprescindibles, ordenados cronológicamente. Cada texto incluye ficha técnica, sinopsis, anécdotas y comentarios que ayudan a entender la relevancia de cada película en el contexto de la ciencia ficción cinematográfica. Completa esta visión panorámica treinta perfiles de actores, directores, escritores y técnicos de efectos especiales que han colaborado en la titánica tarea de concebir universos donde la lógica y la emoción se dan la mano.